INHALT

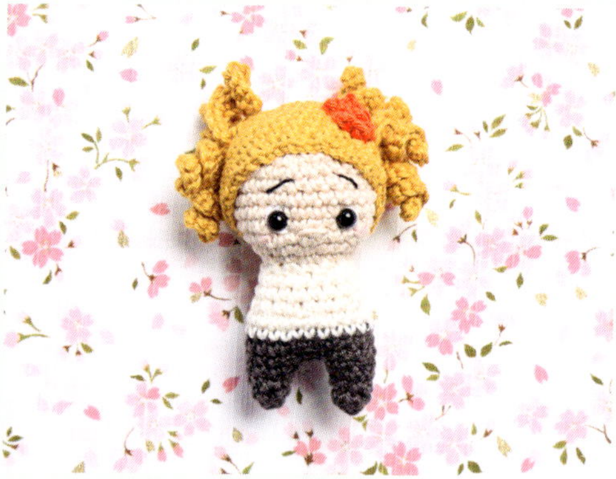

VORWORT 5

GRUNDLAGEN UND TECHNIKEN 6

ABKÜRZUNGEN 13

MATERIALIEN 13

SCHWIERIGKEITSGRADE 13

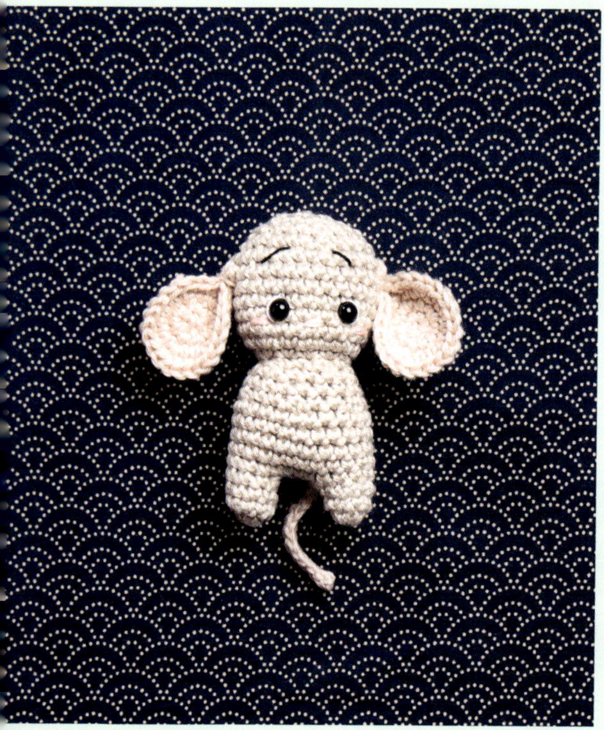

KLASSISCHE TIERKREISZEICHEN 15

Löwe 16

Widder 17

Steinbock 18

Stier 19

Jungfrau 20

Waage 21

Schütze 22

Wassermann 23

Zwilling 24

Krebs 25

Fische 26

Skorpion 27

CHINESISCHE TIERKREISZEICHEN 29

Hahn 30
Schwein 31
Tiger 32
Hase 33
Affe 34
Büffel 35
Drache 36
Hund 37
Pferd 38
Ratte 39
Schlange 40
Ziege 41

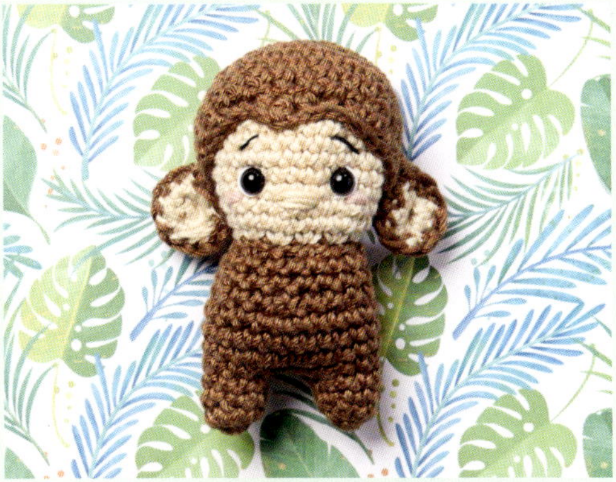

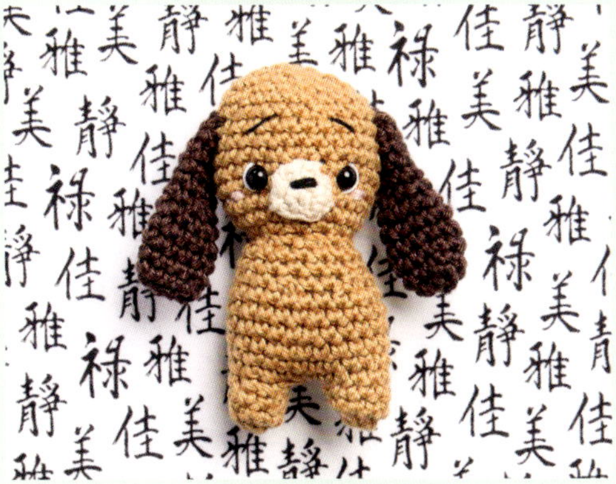

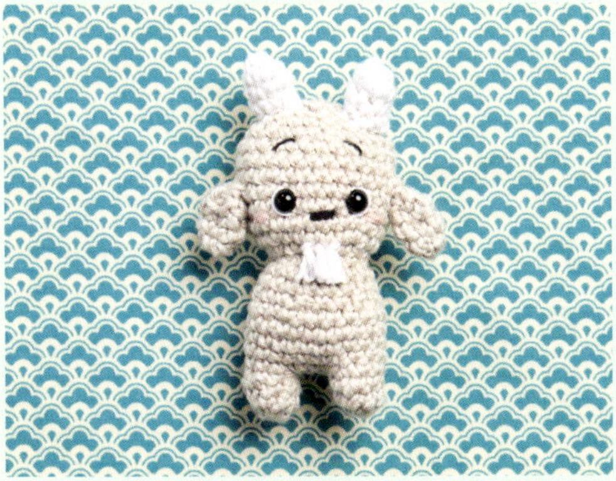

GLÜCKSBRINGER 42

Fliegenpilz 42
Daruma 43
Schornsteinfeger 44
Winkekatze 45

ÜBER DIE AUTORIN 46
DANKSAGUNG 47

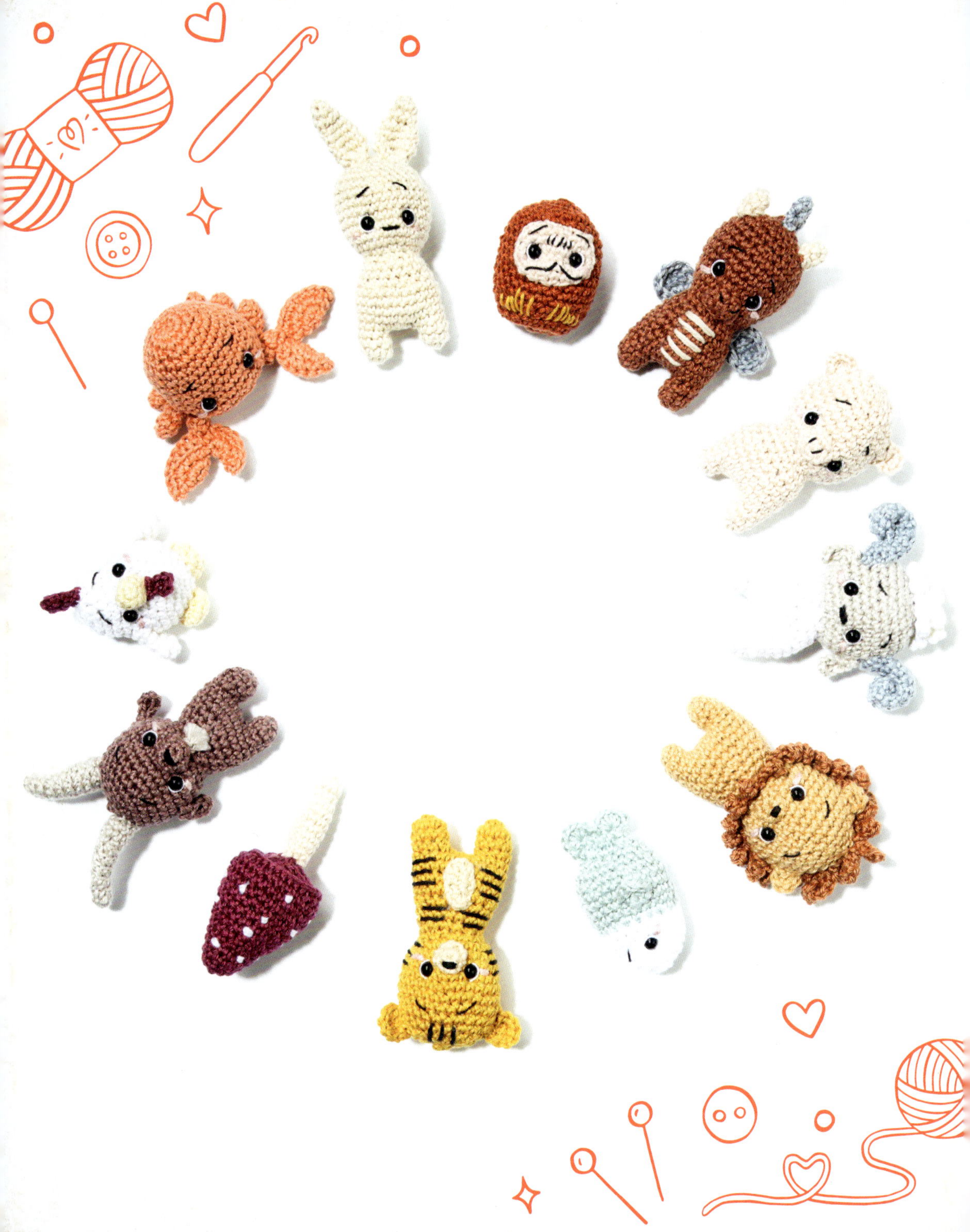

VORWORT

Glücksbringer sind Symbole, die uns Hoffnung, Schutz und positive Energie schenken sollen. Seit Jahrhunderten schreiben ihnen die Menschen diese Kraft zu. Auch die Astrologie fasziniert und begleitet uns schon lange. Nicht nur in unserem Kulturkreis gibt es Tierkreiszeichen, auch im asiatischen Raum gibt es ein eigenes System.

Die klassischen Tierkreiszeichen basieren auf dem westlichen Kalender und teilen das Jahr in zwölf Zeichen ein, während die chinesischen Tierkreiszeichen auf einem zwölfjährigen Zyklus basieren und dabei ein Jahr durch je ein Tierkreiszeichen repräsentiert wird. Beide Systeme haben ihre eigene Symbolik und Bedeutung, die Menschen seit Langem faszinieren und als Werkzeuge zur Selbsterkenntnis und zur Deutung von Charaktereigenschaften genutzt werden.

So war es eigentlich nur eine Frage der Zeit, bis die kleinen Boten Einzug in die Amigurumi-Welt erhalten – das dachten wir uns auch und so ist dieser zauberhafte Titel entstanden.

Ob als Schlüsselanhänger, Geschenk oder zum Sammeln. Die kleinen Figuren laden ein, die astrologische Welt der klassischen und der chinesischen Tierkreiszeichen sowie ein paar Glücksbringer zu erkunden und sie selbst zu erschaffen. Ich hoffe, dass dir dieses Buch genauso viel Freude bereitet wie mir beim Schreiben.

Ich wünsche dir ganz viel Spaß beim Nacharbeiten und Entdecken.

Deine Linda

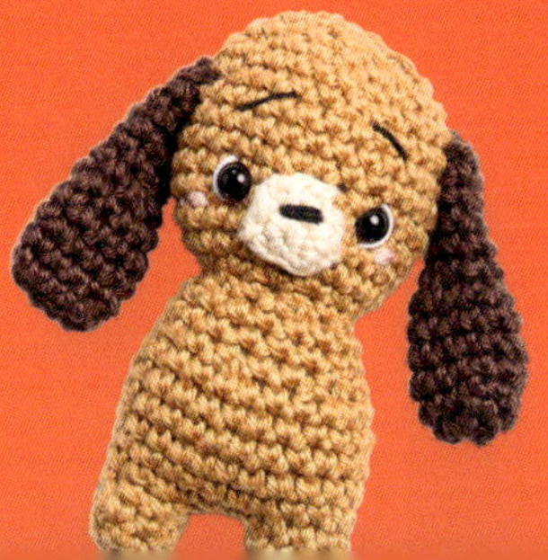

GRUNDLAGEN UND TECHNIKEN

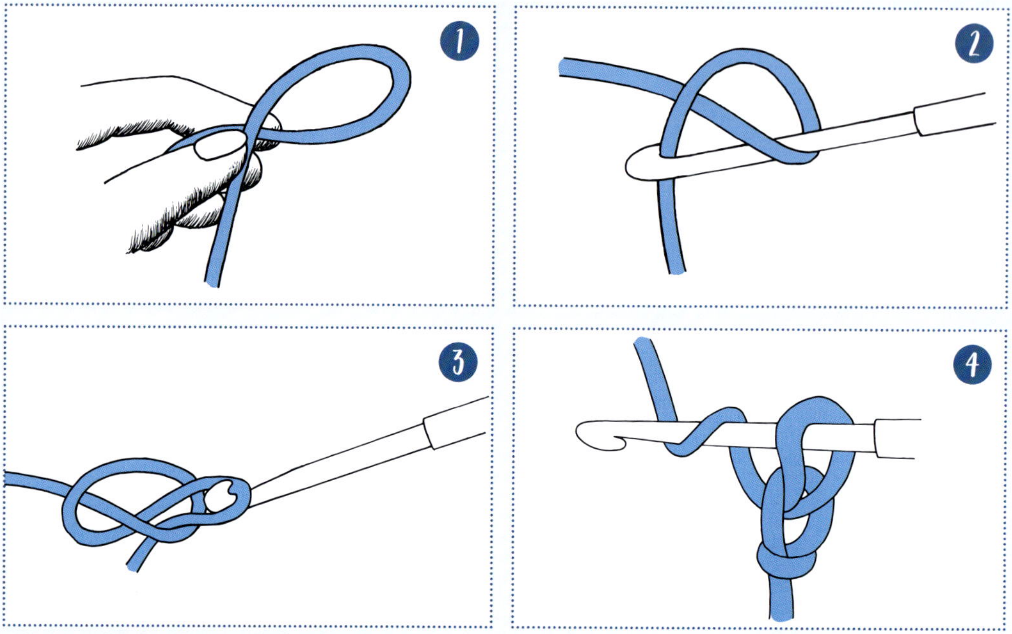

LUFTMASCHEN ANSCHLAGEN

Lege den Faden zu einer Schlinge und fixiere ihn mithilfe deines Daumens und Zeigefingers. Der Arbeitsfaden befindet sich unten → **Bild 1.**
Stich nun mit der Nadel durch die Schlaufe und hole den Faden durch die Öffnung → **Bild 2.**
Ziehe die so entstandene Schlaufe leicht fest, indem du an beiden Fäden, dem Fadenende und dem Arbeitsfaden, ziehst. So entsteht die Anfangsschlinge, in die du nun weitere Luftmaschen häkeln kannst → **Bild 3.**

Um weitere Luftmaschen anzuschlagen, die Anfangsschlinge gut festhalten, mit der Nadel durch die Schlinge stechen, den Faden holen und wieder durch die Schlinge ziehen → **Bild 4.** So oft wie nötig wiederholen.

WENDELUFTMASCHE

Am Ende einer Reihe häkelst du eine Luftmasche, eine sogenannte Wendeluftmasche, und wendest die Arbeit.

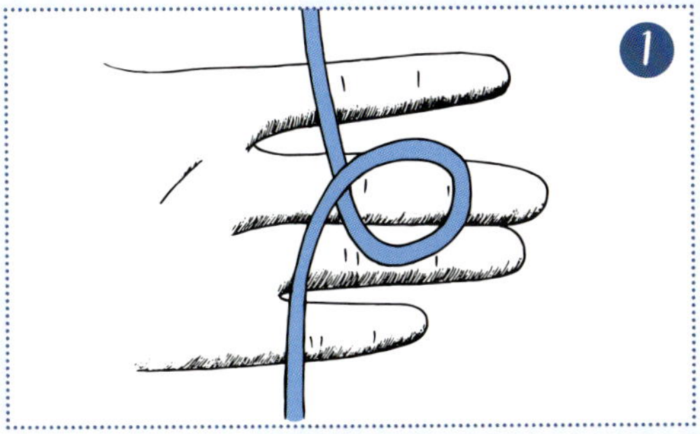

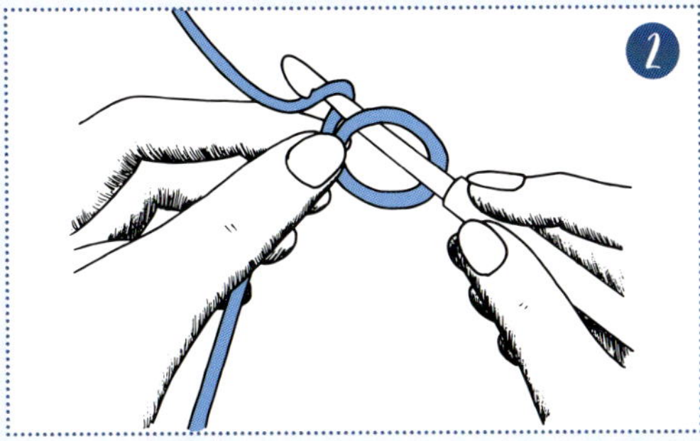

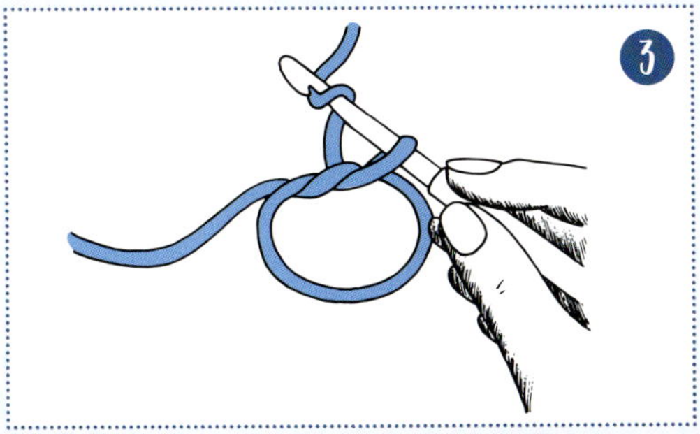

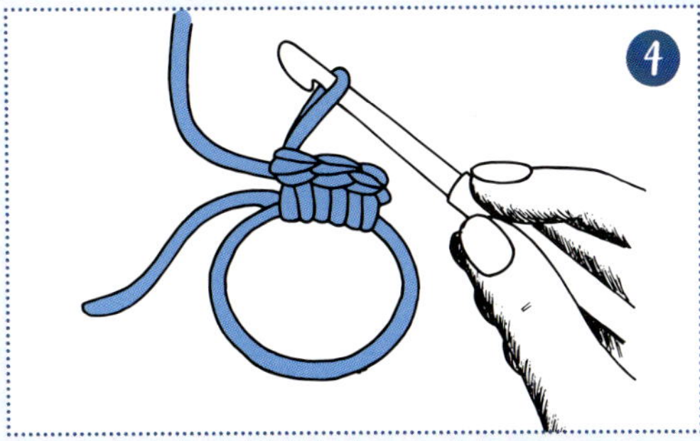

FADENRING

Bilde mit dem Garn eine Schlaufe, wobei das Ende des Fadens nach unten zeigt. Lege den Rest des Garns nach hinten über den Zeigefinger → **Bild 1.** Halte die Schlaufe mit dem Daumen und dem Zeigefinger fest, führe die Nadel durch die Schlaufe, hole den Faden und ziehe diesen durch die Schlaufe → **Bild 2.** Hole den Arbeitsfaden erneut und ziehe ihn durch die Schlinge. So wird der Ring fixiert → **Bild 3.**

Ab jetzt können die Maschen wie gewohnt gehäkelt werden. Stich dabei immer um den Ring herum, nicht in die Schlaufen des Rings hinein. Sind alle Maschen gehäkelt, kann der Ring durch Ziehen am Fadenende zusammengezogen werden → **Bild 4.**

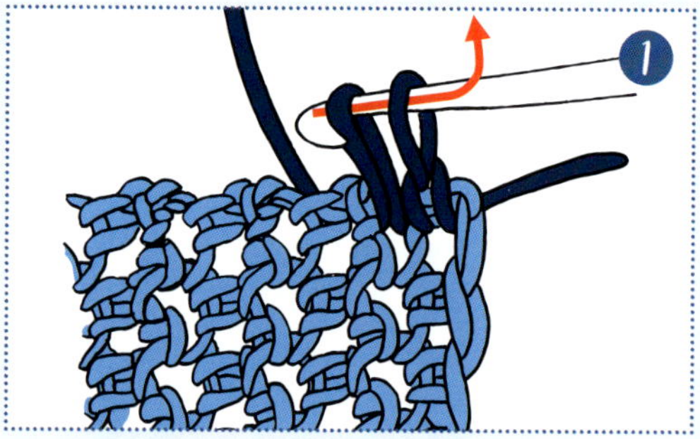

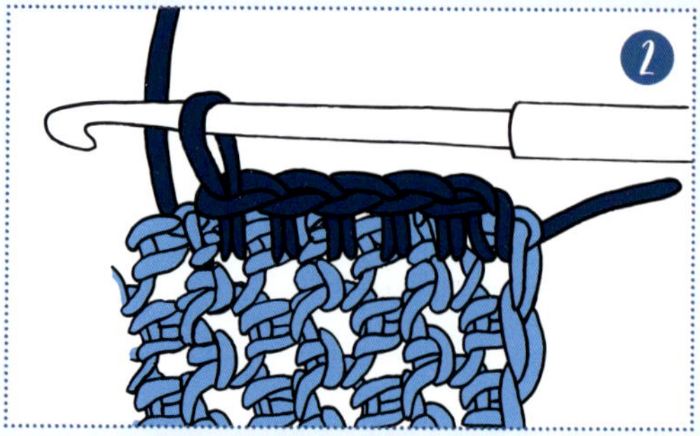

KETTMASCHE

Kettmaschen sind sehr vielfältig. Sie werden nicht nur verwendet, um Kanten zu verzieren, mit ihnen schließt man auch Runden. Um eine Kante zu verzieren, schlinge den Faden an einer Kante des Häkelstücks an. Stich unterhalb der Wendeluftmasche in die folgende Reihe ein, hole den Faden zur Schlinge und ziehe ihn durch die Schlaufe → **Bild 1**. So sieht eine mit Kettmaschen verzierte Abschlusskante aus → **Bild 2.**

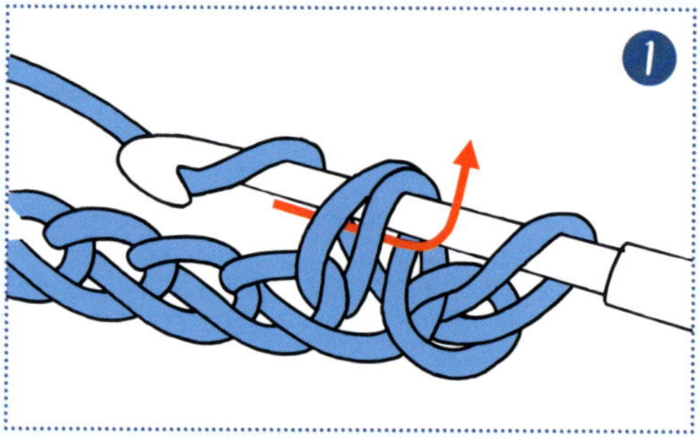

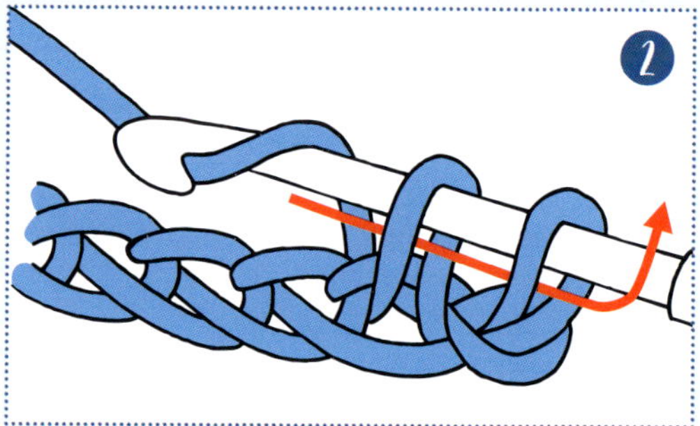

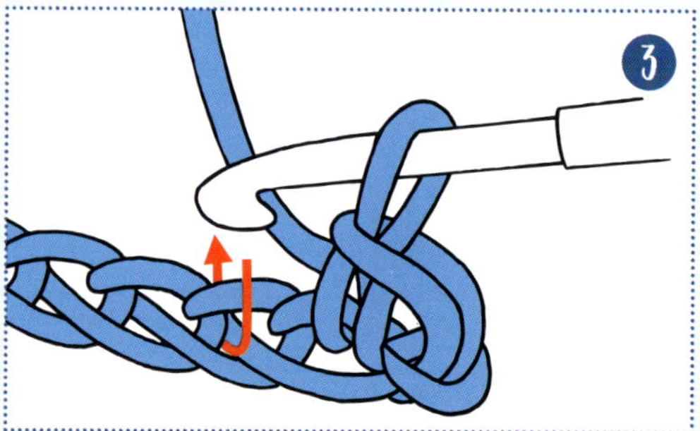

FESTE MASCHE

Stich mit der Nadel durch die folgende Masche und hole den Faden. Es befinden sich nun zwei Schlingen auf der Nadel → **Bild 1.** Hole den Arbeitsfaden erneut und ziehe ihn durch beide Schlingen auf der Nadel. Nun ist die erste feste Masche entstanden → **Bild 2.** In die nächste Einstichstelle stechen und den Vorgang wiederholen → **Bild 3.**

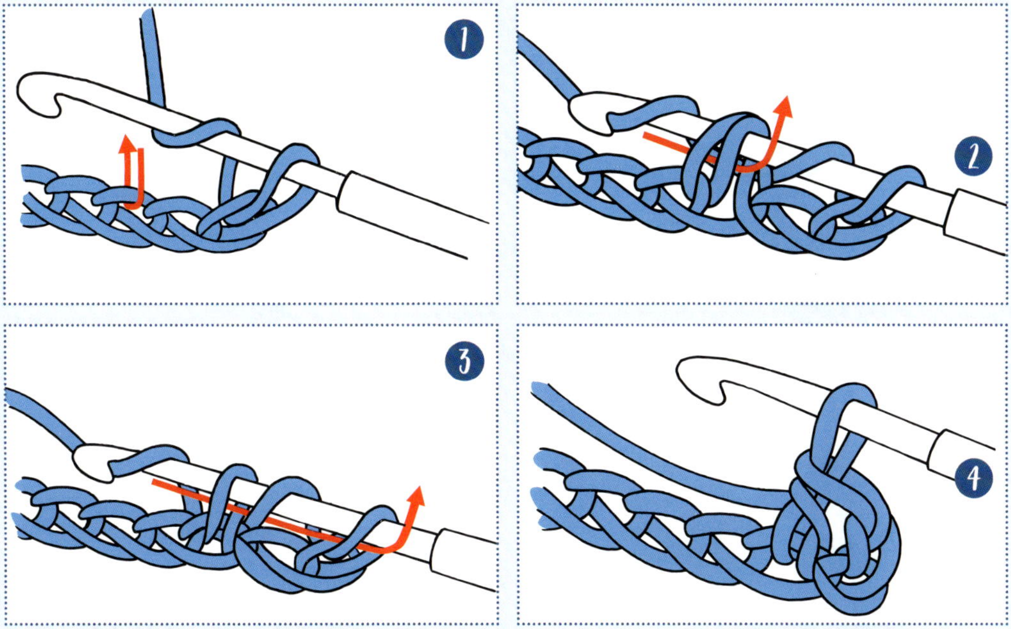

HALBES STÄBCHEN

Stich in die folgende Masche ein → **Bild 1** und hole den Faden. Es befinden sich dann drei Schlingen auf der Nadel → **Bild 2.** Hole den Faden erneut und ziehe ihn durch alle drei auf der Nadel befindlichen Schlingen → **Bild 3.** So sieht das fertige halbe Stäbchen aus → **Bild 4.**

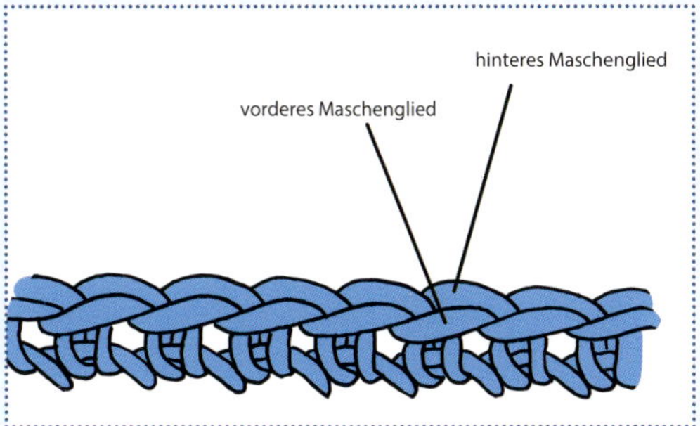

VORDERES UND HINTERES MASCHENGLIED

Bei manchen Anleitungen wird angegeben, dass man nur in ein Maschenglied häkeln soll. Diese Illustration verdeutlicht, wo sich das vordere bzw. das hintere Maschenglied befindet.

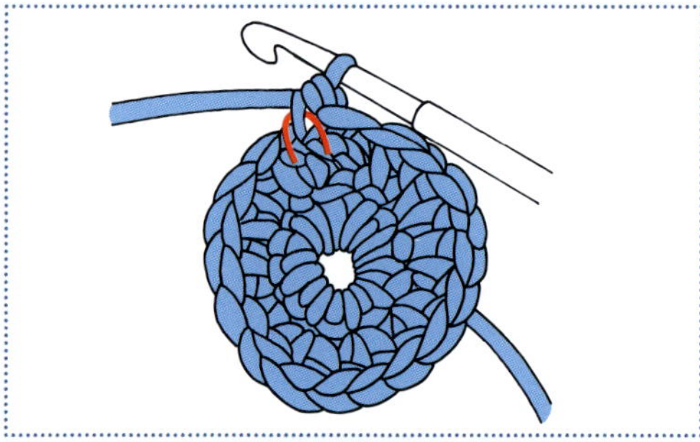

IN SPIRALRUNDEN HÄKELN

Wird in Spiralrunden gehäkelt, so wird am Ende der Runde keine Kettmasche und am Anfang der Runde keine Luftmasche gehäkelt. Die Runde läuft also einfach schneckenförmig weiter. Du kannst dir den Anfang der Runde mit einem Faden, einem Maschenmarkierer oder einer Sicherheitsnadel markieren. Das erleichtert das Zählen der Maschen.

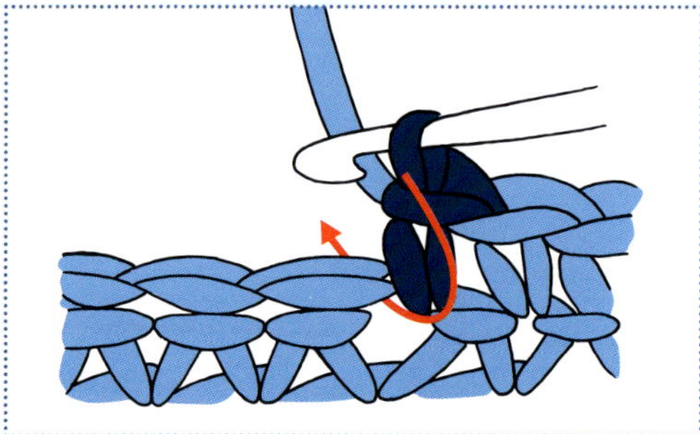

MASCHEN ZUNEHMEN/VERDOPPELN

Um Maschen jeglicher Art zuzunehmen, wird einfach in eine Einstichstelle zweimal eingestochen. Die Masche dann wie gewohnt häkeln.

1 Masche zunehmen = 1 Masche verdoppeln, also 2 Maschen in dieselbe Einstichstelle häkeln.

FESTE MASCHEN UNSICHTBAR ZUSAMMEN ABMASCHEN

Um Maschen abzunehmen, werden diese zusammen abgemascht. Bei festen Maschen wie folgt vorgehen: Die Nadel wie beim Häkeln einer festen Masche durch die folgende Masche ziehen und den Faden holen, diese feste Masche jedoch nicht beenden. Nun in die folgende Masche einstechen und erneut den Faden holen. Es liegen drei Schlingen auf der Nadel. Den Faden erneut holen und durch alle drei Schlingen ziehen. Die Maschenzahl hat sich somit um eine feste Masche verringert.

1 Masche abnehmen = 2 Maschen zusammen abmaschen, also 2 Maschen zusammenhäkeln, sodass nur ein Abmaschglied bleibt.

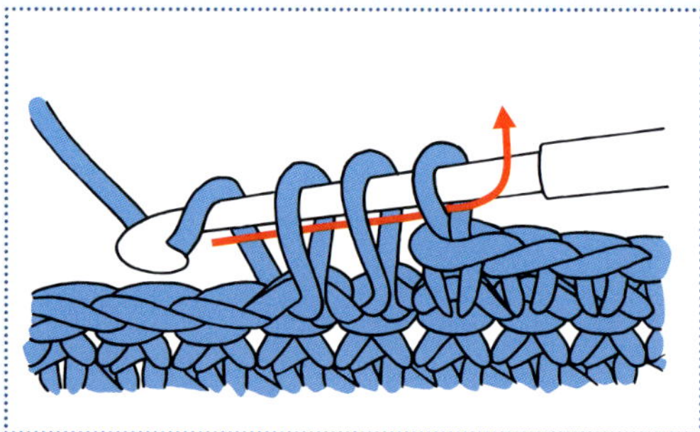

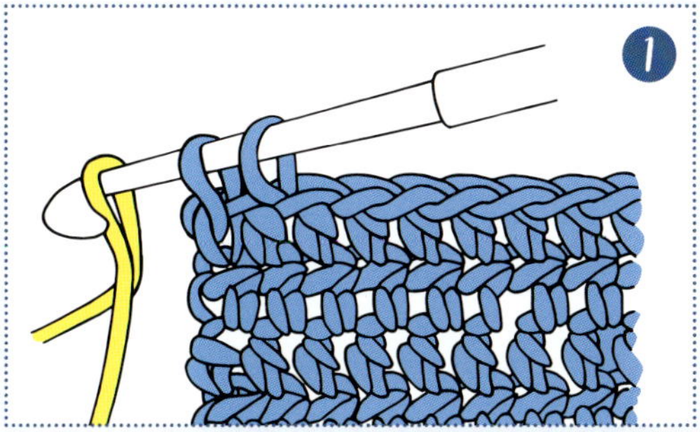

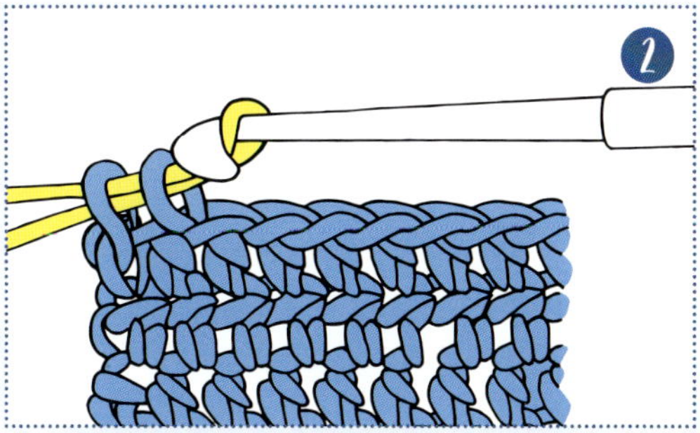

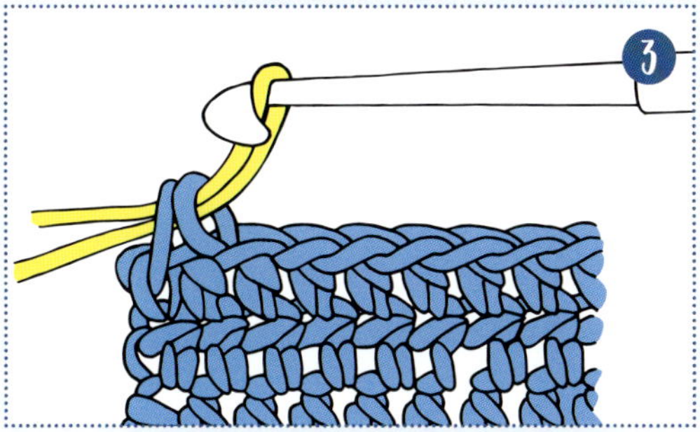

FARBWECHSEL IN REIHEN

Häkle deine Reihe bis zum Ende, masche deine letzte Masche jedoch nicht mit der alten Farbe, sondern mit der neuen Farbe ab. Dazu schlingst du die neue Farbe an → **Bild 1** und ziehst den Faden durch die letzten beiden Schlingen der letzten Masche → **Bild 2.** Mit dieser neuen Farbe kann nun die erste Steigeluftmasche für die nächste Reihe gehäkelt werden → **Bild 3.**

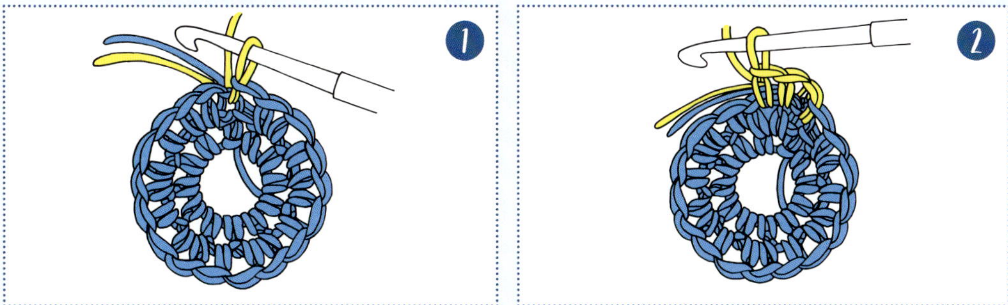

FARBWECHSEL IN RUNDEN

Schließe die Runde mit einer Kettmasche. Die Runde ist nun sauber geschlossen. Soll nun mit einer neuen Farbe weitergehäkelt werden, nimm den neuen Faden auf und bilde – je nach Art der Masche – eine (feste Maschen, halbe Stäbchen), zwei (Stäbchen) oder drei Luftmaschen (Doppel- oder Dreifachstäbchen).

Für die erste Masche stichst du in die gleiche Einstichstelle wie die Luftmasche und die Kettmasche. Du hast die Runde nun ohne Versatz weitergehäkelt.

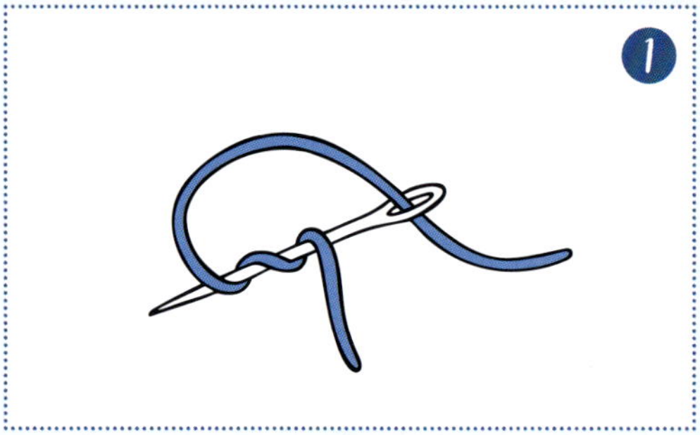

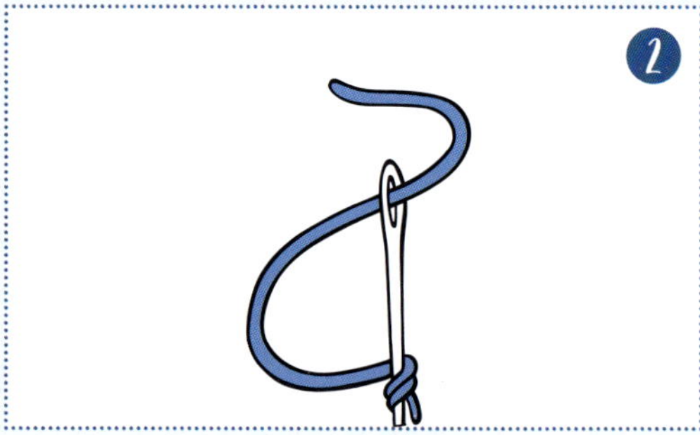

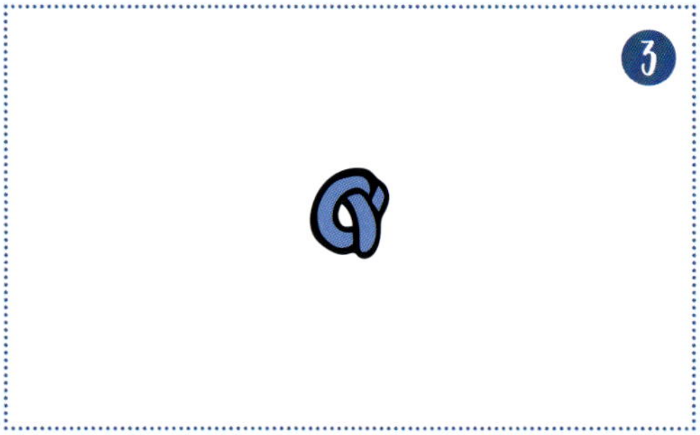

KNÖTCHENSTICH

Den Faden mehrmals um die Nadel wickeln → **Bild 1.** Dann in die Einstichstelle einstechen und den Faden fixieren → **Bild 2.** So sieht der fertige Knötchenstich aus → **Bild 3.**

ABKÜRZUNGEN

abn = abnehmen
anschl = anschlagen
Fb = Farbe
fM = feste Masche(n)
hStb = halbe(s) Stäbchen
ihM = ins hintere Maschenglied
ivM = ins vordere Maschenglied
Km = Kettmasche(n)
LL = Lauflänge
Lm = Luftmasche(n)
M = Masche(n)
MM = Maschenmarkierer
Nd = Nadel
R = Reihe(n)
Rd = Runde(n)
Stb = Stäbchen
wdh = wiederholen
zun = zunehmen

MATERIALIEN

Bei allen Figuren habe ich entweder Garn der Marke Wollbutt Camilla oder Schachenmayr Catania verwendet. Beide Garne sind gleichermaßen für Amigurumi verwendbar und weisen eine LL von 50 g/125 m auf. Es wird bei allen Figuren die gleiche Häkelnadel in Größe 2,5 mm verwendet. Du benötigst Sicherheitsaugen in 6 mm Durchmesser sowie Filetgarn in Schwarz und Weiß für das Augenweiß und die Augenbrauen. Ebenso wird ein Rest Rosa für die Wangen verwendet, nutze hierzu ein Garn deiner Wahl. Außerdem brauchst du ausreichend Füllmaterial, eine Wollnadel und eine kleine Schere. Die einzelnen Farben für jedes Projekt werden dir in jeder Anleitung gesondert aufgeführt. Die Grundfiguren werden alle in einem Stück gehäkelt und die Einzelteile werden später angenäht.

SCHWIERIGKEITSGRADE

Die Schwierigkeitsgrade geben an, wie schwer oder aufwendig ein Projekt ist. Vor allem für Häkelanfänger*innen sehr hilfreich.

♥♡♡ **EINFACH**
♥♥♡ **MITTEL**
♥♥♥ **SCHWER**

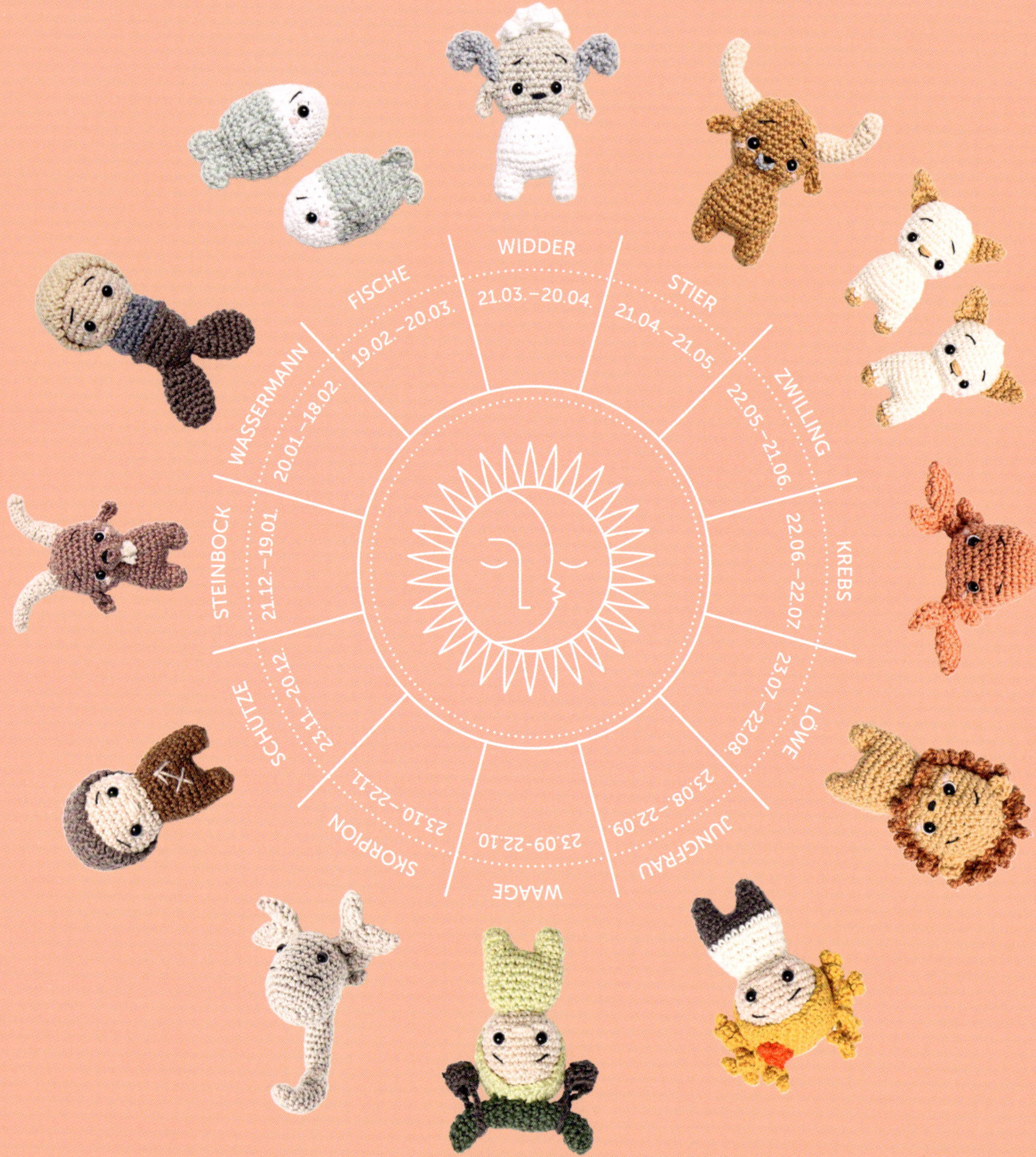
WIDDER
21.03.–20.04.
STIER
21.04.–21.05.
ZWILLING
22.05.–21.06.
KREBS
22.06.–22.07.
LÖWE
23.07.–22.08.
JUNGFRAU
23.08.–22.09.
WAAGE
23.09.–22.10.
SKORPION
23.10.–22.11.
SCHÜTZE
23.11.–20.12.
STEINBOCK
21.12.–19.01.
WASSERMANN
20.01.–18.02.
FISCHE
19.02.–20.03.

KLASSISCHE TIERKREISZEICHEN

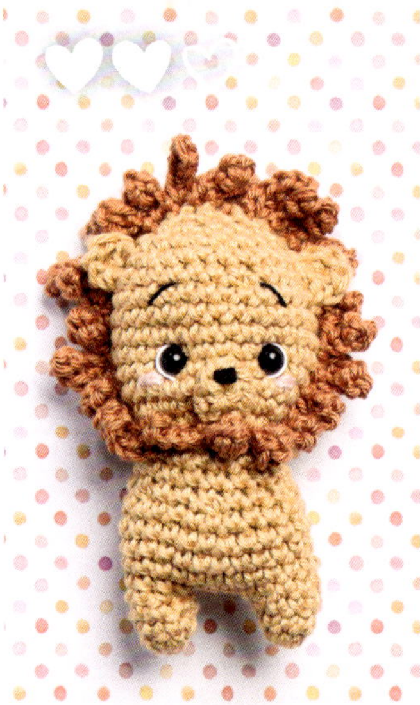

LÖWE

GRÖSSE
8 cm

MATERIAL
Schachenmayr Catania (100 % Baumwolle, LL 125 m/50 g) in
- Fuchs (Fb 426), 3 g
- Camel (Fb 179), 8 g

BEINE (2 X IN CAMEL)

Häkle in Rd. Die Beine fortlaufend mit Füllwatte ausstopfen.
1. Rd: 8 fM in einen Fadenring häkeln (= 8 M).
2.–3. Rd: 8 fM häkeln.
Das 1. Bein abketten und den Faden vernähen. Ein 2. Bein häkeln, jedoch nicht abketten. Weiter mit Körper und Kopf.

KÖRPER UND KOPF (IN CAMEL)

Häkle in Rd. Körper und Kopf fortlaufend mit Füllwatte ausstopfen.
4 Lm an das 2. Bein häkeln, in das 1. Bein einstechen und wie folgt häkeln:
1. Rd: 8 fM um Bein 1, 4 fM in die Lm-Kette, 8 fM um Bein 2, 4 fM in die Lm-Kette (= 24 M).
2.–5. Rd: 24 fM häkeln.
6. Rd: * 2 fM, 1 M abn *, von * bis * noch 5 x wdh (= 18 M).
7.–8. Rd: 18 fM häkeln.
9. Rd: * 1 fM, 1 M abn *, von * bis * noch 5 x wdh (= 12 M).
10. Rd: 12 x 1 M zun (= 24 M).
11. Rd: * 5 fM, 1 M zun *, von * bis * noch 3 x wdh (= 28 M).
12.–17. Rd: 28 fM häkeln.
18. Rd: * 5 fM, 1 M abn *, von * bis * noch 3 x wdh (= 24 M).
Die Augen zwischen Rd 13 und 14 mit 4 sichtbaren fM Abstand befestigen.
19. Rd: 24 fM häkeln.
20. Rd: * 2 fM, 1 M abn *, von * bis * noch 5 x wdh (= 18 M).
21. Rd: * 1 fM, 1 M abn *, von * bis * noch 5 x wdh (= 12 M).
22. Rd: 6 x 1 M abn (= 6 M).
Faden abschneiden, durch alle vorderen M-Glieder fädeln, fest zuziehen und vernähen.

SCHNAUZE (IN CAMEL)

Häkle in Rd. Die Schnauze leicht mit Füllwatte ausstopfen.
1. Rd: 8 fM in einen Fadenring häkeln (= 8 M).
Abketten, den Faden abschneiden und die Schnauze zwischen den Augen festnähen.

OHREN (2 X IN CAMEL)

Häkle in Rd.
1. Rd: 6 fM in einen Fadenring häkeln (= 6 M).
Abketten, den Faden abschneiden und die Ohren über Rd 18–19 seitlich am Kopf festnähen.

GESICHT FERTIGSTELLEN

Sticke das Augenweiß mit weißem Filetgarn direkt neben den Augen auf. Die Nase mit schwarzem Filetgarn über 2 fM Breite direkt auf der Schnauze aufsticken, stich dazu ca. 6 x ein. Die Augenbrauen werden in Schwarz, 2 Runden über den Augen, über 1 Rd Höhe und 2 fM aufgestickt. Die Wangen in Rosa direkt neben dem Auge aufsticken, dazu 2 x einstechen.

MÄHNE (IN FUCHS)

Stich mit der Häkelnadel in eine M der letzten Rd des Kopfes ein, ziehe den Faden in Fuchs durch die M und fixiere ihn mit einer Km. Häkle wie folgt weiter:
4 Lm anschlagen, in die 2. Lm von der Nd aus einstechen und 3 x 1 M zun, 1 Km direkt neben der ersten Locke in den Kopf häkeln. Wiederhole dies rund um den Kopf hinter den Ohren entlang, bis sich ein vollständiger Kranz an Locken um das Gesicht gelegt hat 1 – 3.

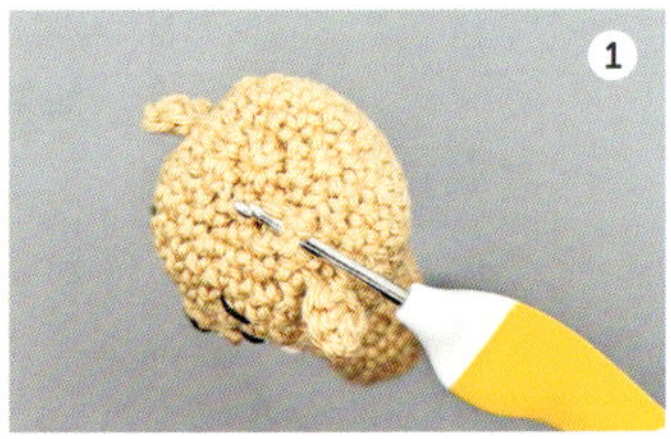
1

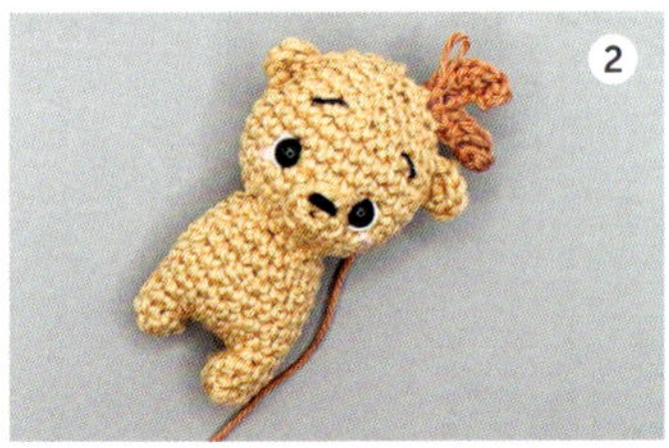
2

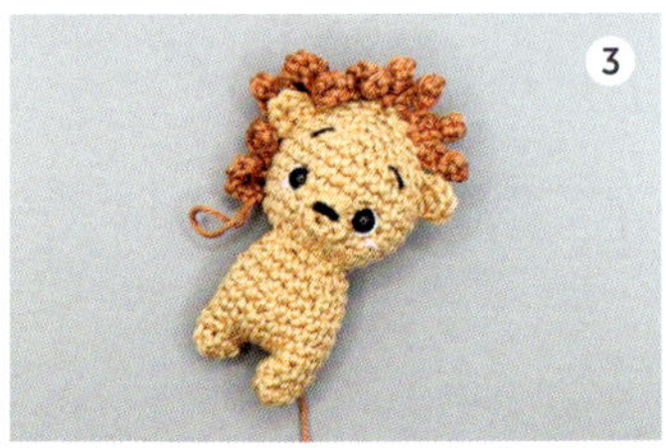
3

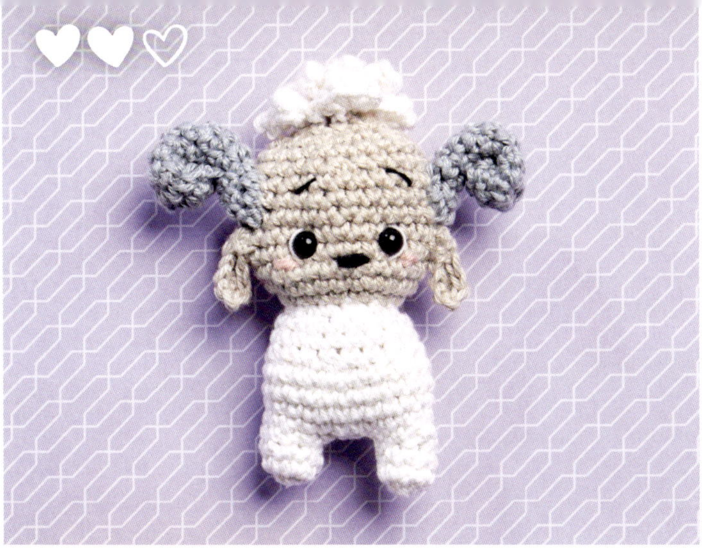

WIDDER

GRÖSSE
8 cm

MATERIAL
Wollbutt Camilla
(100 % Baumwolle,
LL 125 m/50 g) in
- Leinen (Fb 27158), 5 g
- Weiß (Fb 35432), 8 g
- Grau (Fb 35441), 3 g

BEINE (2 X IN WEISS)

Folge dazu der Anleitung der Beine für den Löwen auf S. 16.

KÖRPER UND KOPF (IN WEISS UND LEINEN)

Beginne in Weiß. Folge der Anleitung für Körper und Kopf des Löwen auf S. 16.
Fb-Wechsel zu Leinen nach Rd 9.

OHREN (2 X IN LEINEN)

5 Lm anschlagen, in die 2. Lm von der Nd aus einstechen und wie folgt um die Lm-Kette herumhäkeln:
1. Rd: 3 fM, 3 fM in eine M, 2 fM, 1 M zun (= 10 M).
Den Faden abschneiden, das Ende falten und zwei der gegenüberliegenden fM mit ein paar Stichen zusammennähen. Die Ohren zwischen Rd 14 und 15 seitlich am Kopf festnähen.

HÖRNER (2 X IN GRAU)

Häkle in Rd. Die Hörner leicht mit Füllwatte ausstopfen.
1. Rd: 6 fM in einen Fadenring häkeln (= 6 M).
2.–13. Rd: 6 fM häkeln.
Faden abschneiden, durch alle vorderen M-Glieder fädeln, fest zuziehen und zur Mitte des Horns fädeln. Das Horn bis zur Mitte einrollen und den eingerollten Teil mit ein paar Stichen festnähen. Die Hörner direkt über den Ohren festnähen.

LOCKEN (IN WEISS)

Folge dazu der Anleitung für die Mähne des Löwen auf S. 16. Häkle dazu insgesamt 11 Locken auf die Mitte des Kopfes.

GESICHT FERTIGSTELLEN

Folge dazu der Anleitung des Löwengesichts auf S. 16.

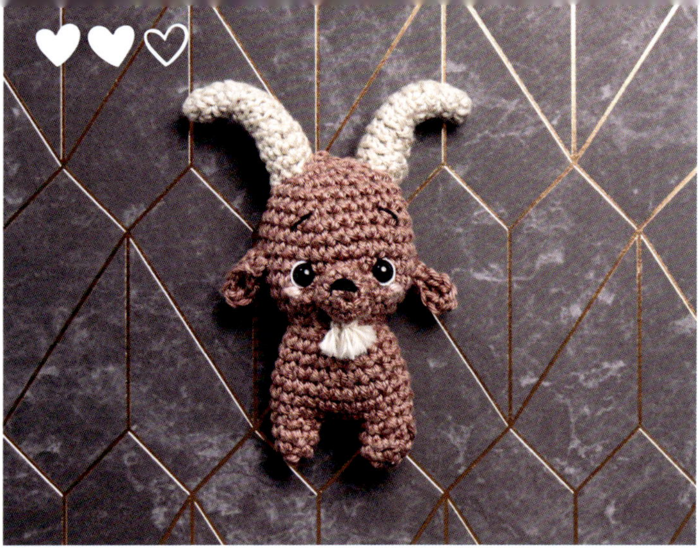

STEINBOCK

GRÖSSE
8 cm

MATERIAL
Wollbutt Camilla
(100 % Baumwolle,
LL 125 m/50 g) in
- Leinen (Fb 27158), 3 g
- Mauve (Fb 102691), 8 g

BEINE (2 X IN MAUVE)
Folge dazu der Anleitung der Beine des Löwen auf S. 16.

KÖRPER UND KOPF (IN MAUVE)
Folge dazu der Anleitung für Körper und Kopf des Löwen auf S. 16.

SCHNAUZE (IN MAUVE)
Häkle in Rd. Die Schnauze nicht mit Füllwatte ausstopfen.
1. Rd: 8 fM in einen Fadenring häkeln (= 8 M).
2. Rd: 8 fM häkeln.
Abketten, den Faden abschneiden und die Schnauze zwischen den Augen festnähen.

GESICHT FERTIGSTELLEN
Folge dazu der Anleitung des Löwen Gesichts auf S. 16.

OHREN (2 X IN MAUVE)
Folge dazu der Anleitung der Ohren des Widders auf S. 17.

HÖRNER (2 X IN LEINEN)
Häkle in Rd. Die Hörner nur leicht mit Füllwatte ausstopfen.
1. Rd: 6 fM in einen Fadenring häkeln (= 6 M).
2.–3. Rd: 6 fM häkeln.
4.–7. Rd: 6 fM ihM häkeln.
8. Rd: 2 fM ihM, 2 x 1 M zun ihM, 2 fM ihM (= 8 M).
9.–10. Rd: 8 fM häkeln.
Den Faden abschneiden und die Hörner 5 Rd über den Ohren festnähen.

BART (IN LEINEN)
Schneide dir 3 Strähnen in ca. 5 cm Länge zurecht, knüpfe diese unter dem Kinn an und schneide sie auf die richtige Länge zurecht. Anschließend die Strähnen mit der Wollnadel spalten 1 – 3.

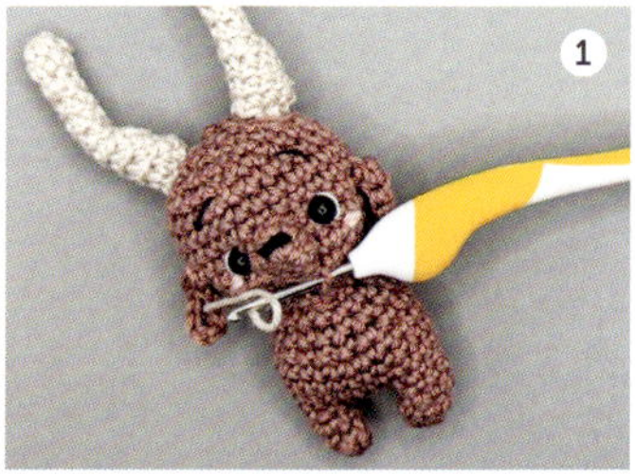

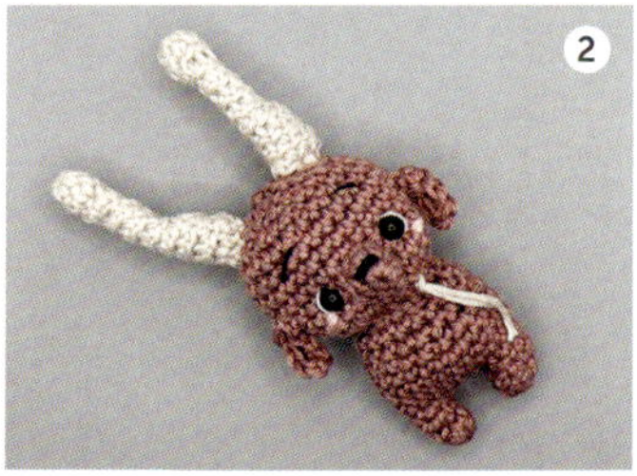

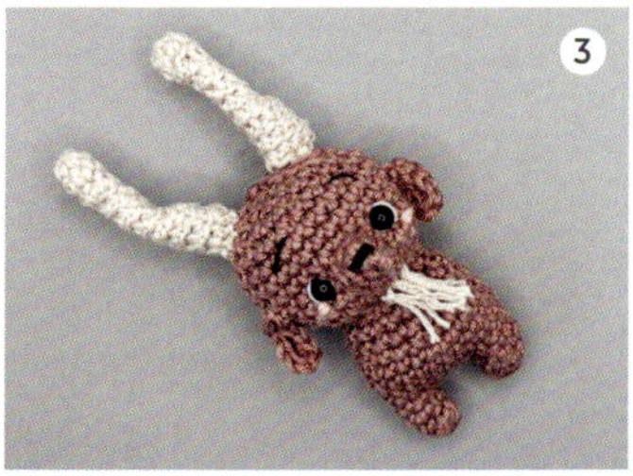

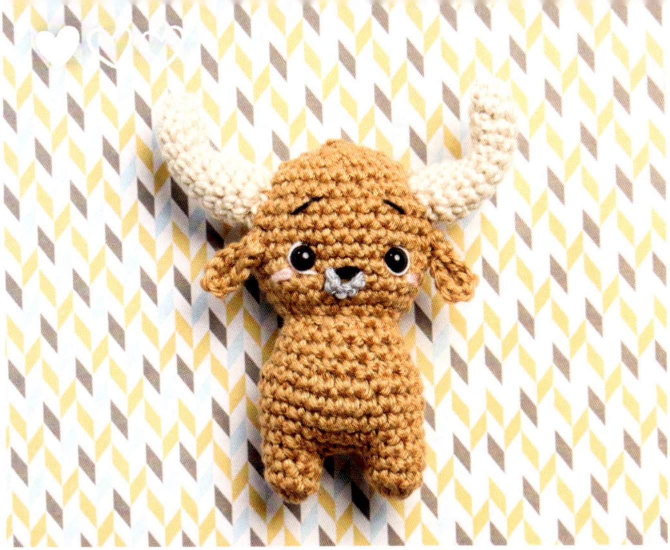

STIER

GRÖSSE
8 cm

MATERIAL
Wollbutt Camilla
(100 % Baumwolle,
LL 125 m/50 g) in
- Karamell (Fb 35947), 8 g
- Beige (Fb 35806), 3 g
- Grau (Fb 35441), ein Rest

BEINE (2 X IN KARAMELL)
Folge dazu der Anleitung der Beine für den Löwen auf S. 16.

KÖRPER UND KOPF (IN KARAMELL)
Folge der Anleitung für Körper und Kopf des Löwen auf S. 16.

OHREN (2 X IN KARAMELL)
5 Lm anschlagen, in die 2. Lm von der Nd aus einstechen und wie folgt um die Lm-Kette herumhäkeln:
1. Rd: 3 fM, 3 fM in eine M, 2 fM, 1 M zun (= 10 M).
Den Faden abschneiden, das Ende falten und zwei der gegenüber liegenden fM mit ein paar Stichen zusammennähen. Die Ohren zwischen Rd 14 und 15 seitlich am Kopf festnähen.

HÖRNER (2 X IN BEIGE)
Häkle in Rd. Die Hörner fortlaufend mit Füllwatte ausstopfen.
1. Rd: 6 fM in einen Fadenring häkeln (= 6 M).
2.–7. Rd: 6 fM häkeln.
8. Rd: 2 fM, 2 x 1 M zun, 2 fM (= 8 M).
9.–11. Rd: 8 fM häkeln.
Den Faden lang abschneiden und die Hörner über den Ohren festnähen.

GESICHT FERTIGSTELLEN
Folge dazu der Anleitung des Löwengesichts auf S. 16. Sticke die Nase allerdings direkt zwischen den Augen auf.

RING (IN GRAU)
Einen langen Anfangsfaden hängenlassen, 4 Lm anschlagen, den Faden lang abschneiden und jeweils die Enden der Lm-Kette links und rechts neben der Nase festnähen.

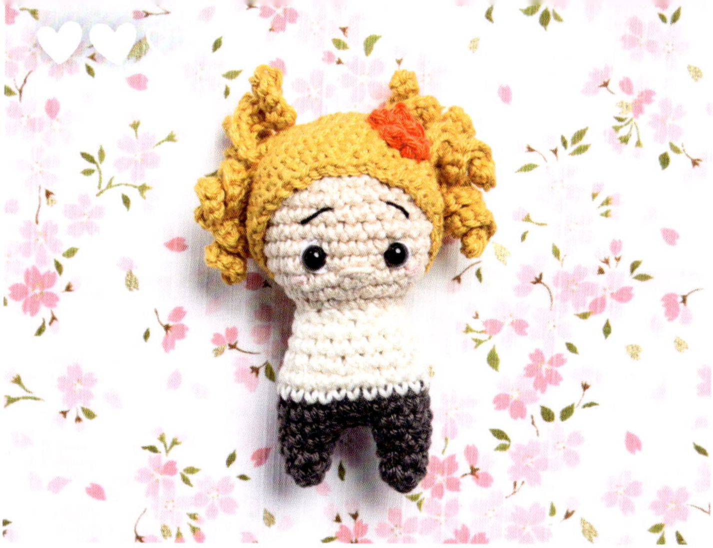

JUNGFRAU

GRÖSSE
8 cm

MATERIAL
Schachenmayr Catania (100 % Baumwolle, LL 125 m/50 g) in
- Signalrot (FB 115), ein Rest
- Ivory (Fb 436), 5 g
- Zartbitter (Fb 415), ein Rest
- Gold (Fb 249), 5 g
- Creme (Fb 130), 3 g

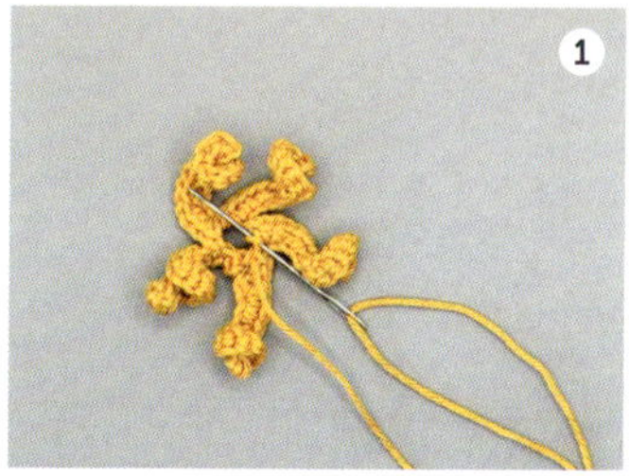

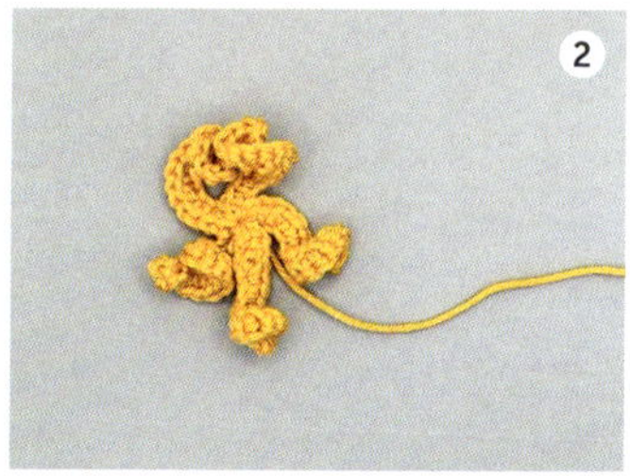

BEINE (2 X IN ZARTBITTER)
Folge dazu der Anleitung der Beine für den Löwen auf S. 16.

KÖRPER UND KOPF (IN ZARTBITTER, CREME UND IVORY)
Beginne in Zartbitter. Folge der Anleitung für Körper und Kopf des Löwen auf S. 16. Häkle den Fb-Wechsel zu Creme nach Rd 3 und den Fb-Wechsel zu Ivory nach Rd 9.

GESICHT FERTIGSTELLEN
Folge dazu der Anleitung des Löwengesichts auf S. 16. Sticke die Nase allerdings in Ivory und bringe die Augenbrauen nur 1 Rd über den Augen an.

HAARKAPPE (IN GOLD)
Häkle in Rd.
1. Rd: 6 fM in einen Fadenring häkeln (= 6 M).
2. Rd: 6 x 1 M zun (= 12 M).
3. Rd: * 1 fM, 1 M zun *, von * bis * noch 5 x wdh (= 18 M).
4. Rd: * 2 fM, 1 M zun *, von * bis * noch 5 x wdh (= 24 M).
5. Rd: * 5 fM, 1 M zun *, von * bis * noch 3 x wdh (= 28 M).
6.–10. Rd: 28 fM häkeln.
11. Rd: * 1 fM, 1 Lm *, von * bis * noch 28 x wdh (= 28 M).
(Die Lm werden nicht mitgezählt)
Den Faden abschneiden und die Haarkappe festnähen.

ZÖPFE (2 X IN GOLD)
11 Lm anschlagen, in die 2. Lm von der Nd aus einstechen und entlang der Lm-Kette 10 x 1 M zun. Das Ganze noch 4 x wdh, ohne die Arbeit zu wenden. Am Ende sollten es 5 Strähnen sein. 1 Km in die 1. Strähne häkeln, um den Zopf zu einem Ring zu schließen. Den Faden abschneiden und durch die vorderen M-Glieder des Rings fädeln, zuziehen (1 – 2) und die Zöpfe seitlich am Kopf festnähen.

BLUME (IN SIGNALROT)
Einen Fadenring anschlagen und wie folgt hineinhäkeln:
1. Rd: * 2 Lm, in die 2. Lm einstechen und 1 fM häkeln, 1 fM in den Fadenring *, von * bis * noch 4 x wdh.
Den Fadenring zuziehen, Faden abschneiden und die Blume auf dem Kopf festnähen.

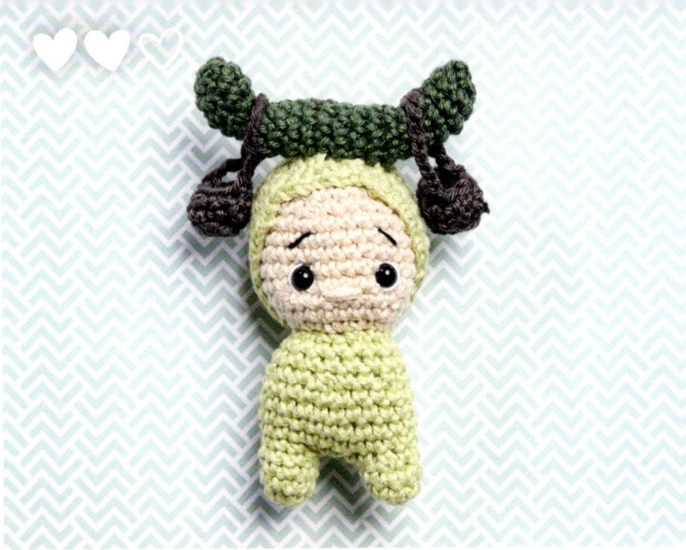

WAAGE

GRÖSSE
8 cm

MATERIAL
Schachenmayr Catania (100 % Baumwolle, LL 125 m/50 g) in

- Ivory (Fb 436), 5 g
- Gelbgrün (Fb 392), 8 g
- Tannenbaum (Fb 419), 3 g
- Zartbitter (Fb 415), ein Rest

BEINE (2 X IN GELBGRÜN)

Folge dazu der Anleitung der Beine für den Löwen auf S. 16.

KÖRPER UND KOPF (IN GELBGRÜN UND IVORY)

Beginne in Gelbgrün. Folge der Anleitung für Körper und Kopf des Löwen auf S. 16. Häkle den Fb-Wechsel zu Ivory nach Rd 9.

GESICHT FERTIGSTELLEN

Folge dazu der Anleitung des Löwengesichts auf S. 16. Sticke die Nase in Ivory und bringe die Augenbrauen nur 1 Rd über den Augen an.

HAARKAPPE (IN GELBGRÜN)

Folge dazu der Anleitung für die Haarkappe der Jungfrau auf S. 20.

KOPFTEIL (IN TANNENBAUM)

Häkle in Rd. Das Kopfteil fortlaufend mit Füllwatte ausstopfen.

1. Rd: 6 fM in einen Fadenring häkeln (= 6 M).
2. Rd: 2 fM, 2 x 1 M zun, 2 fM (= 8 M).
3.–4. Rd: 8 fM häkeln.
5. Rd: 2 fM, 2 x 1 M abn, 2 fM (= 6 M).
6.–13. Rd: 6 fM häkeln
14. Rd: 2 fM, 2 x 1 M zun, 2 fM (=8 M)
15.–16. Rd: 8 fM häkeln
17. Rd: 2 fM, 2 x 1 M abn, 2 fM (=6 M)

Den Faden abschneiden, durch die vorderen M-Glieder der letzten Rd fädeln, fest zuziehen und den Faden zur Mitte führen. Anschließend das Kopfteil 2 Rd über der Haarkappe festnähen.

SCHALEN (2 X IN ZARTBITTER)

1. Rd: 8 fM in einen Fadenring häkeln (= 8 M).
2. Rd: 8 fM ihM häkeln.
3.–4. Rd: 8 fM häkeln.

Es geht direkt mit dem Henkel weiter, dazu 20 Lm anschlagen, in die gegenüberliegende M an der Schale einstechen und 1 Km häkeln. Den Faden lang abschneiden und zur Mitte der Lm-Kette fädeln. Die Schalen am Kopfteil festnähen.

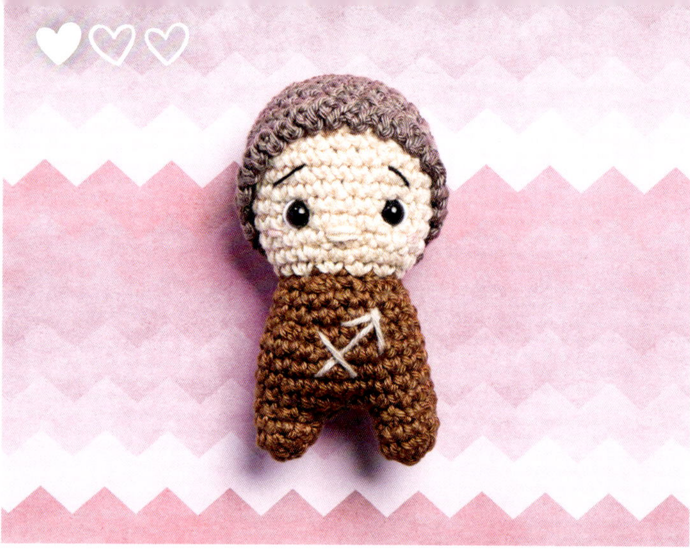

SCHÜTZE

GRÖSSE
8 cm

MATERIAL
Schachenmayr Catania
(100 % Baumwolle,
LL 125 m/50 g) in
- Ivory (Fb 436), 5 g
- Marone (Fb 157), 5 g
- Zartbitter (Fb 415), 3 g
- Bast (Fb 257), ein Rest

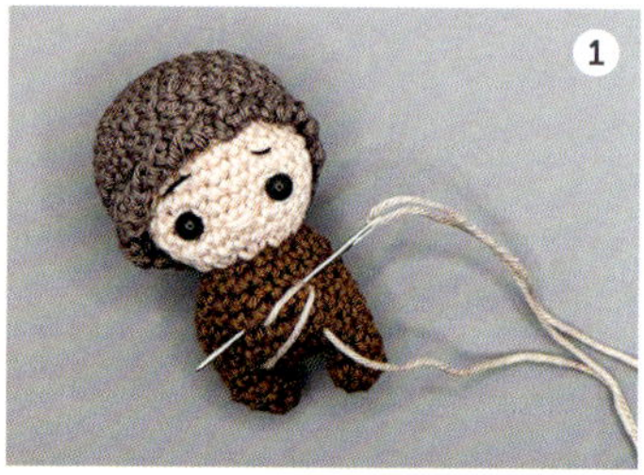

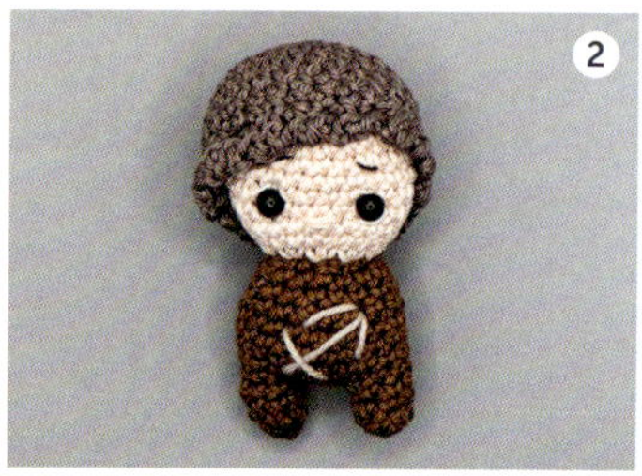

BEINE (2 X IN MARONE)
Folge dazu der Anleitung der Beine für den Löwen auf S. 16.

KÖRPER UND KOPF (IN MARONE UND IVORY)
Beginne in Marone. Folge der Anleitung für Körper und Kopf des Löwen auf S. 16. Häkle den Fb-Wechsel zu Ivory nach Rd 9.

GESICHT FERTIGSTELLEN
Folge dazu der Anleitung des Löwengesichts auf S. 16. Sticke die Nase allerdings in Ivory und die Augenbrauen nur 1 Rd über den Augen auf.

HAARKAPPE (IN ZARTBITTER)
Folge dazu Rd 1–10 der Anleitung für die Haarkappe der Jungfrau auf S. 20. Häkle anschließend wie folgt weiter:
11. Rd: * 1 fM, 2 Lm, in die 2. Lm einstechen, 1 Km *, von * bis * noch 27 x wdh (= 28 M). (Lm und Km werden nicht mitgezählt.)
Den Faden abschneiden und die Haarkappe festnähen. Anschließend den Pfeil in Bast auf den Körper sticken 1 – 2.

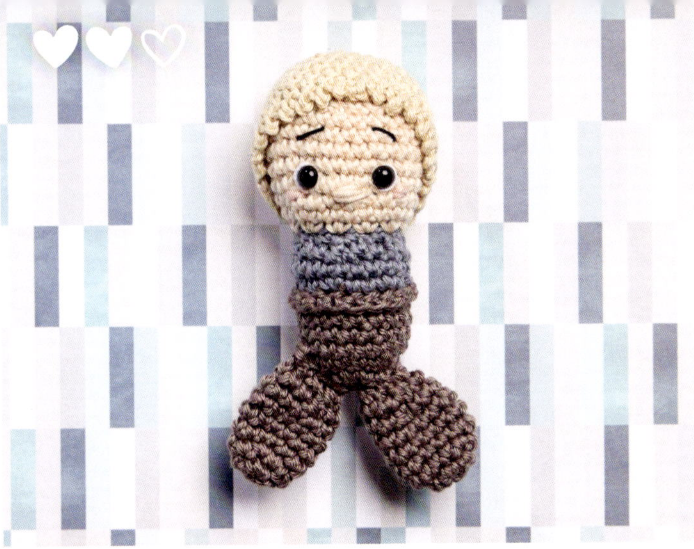

WASSERMANN

GRÖSSE
9 cm

MATERIAL
Schachenmayr Catania
(100 % Baumwolle,
LL 125 m/50 g) in
- Ivory (Fb 436), 5 g
- Sand (Fb 404), 5 g
- Teddy (Fb 161), 8 g
- Stein (Fb 242), 3 g

KÖRPER UND KOPF (IN TEDDY, STEIN UND IVORY)

Beginne in Teddy. Häkle in Rd. Körper und Kopf fortlaufend mit Füllwatte ausstopfen.

1. Rd: 6 fM in einen Fadenring häkeln (= 6 M).

2. Rd: 6 x 1 M zun (= 12 M).

3. Rd: * 1 fM, 1 M zun *, von * bis * noch 5 x wdh (= 18 M).

4.–8. Rd: 18 fM häkeln.

Fb-Wechsel zu Stein.

9. Rd: * 2 fM ihM, 1 M zun ihM *, von * bis * noch 5 x wdh (= 24 M).

10. Rd: 24 fM häkeln.

11. Rd: * 2 fM, 1 M abn *, von * bis * noch 5 x wdh (= 18 M).

12. Rd: * 1 fM, 1 M abn *, von * bis * noch 5 x wdh (= 12 M).

Fb-Wechsel zu Ivory.

13. Rd: 12 x 1 M zun (= 24 M).

14. Rd: * 5 fM, 1 M zun *, von * bis * noch 3 x wdh (= 28 M).

15.–20. Rd: 28 fM häkeln.

21. Rd: * 5 fM, 1 M abn *, von * bis * noch 3 x wdh (= 24 M).

Befestige die Augen zwischen Rd 14 und 15 mit 4 sichtbaren fM Abstand.

22. Rd: * 2 fM, 1 M abn *, von * bis * noch 5 x wdh (= 18 M).

23. Rd: * 1 fM, 1 M abn *, von * bis * noch 5 x wdh (= 12 M).

24. Rd: 6 x 1 M abn (= 6 M).

Den Faden abschneiden, durch die vorderen M-Glieder der letzten Rd fädeln, fest zuziehen und vernähen. Den Faden ivM aus Rd 9 in Teddy wieder aufnehmen, von oben nach unten einstechen und rundherum fM häkeln 1 – 2. Den Faden abschneiden und vernähen.

GESICHT FERTIGSTELLEN

Folge dazu der Anleitung des Löwengesichts auf S. 16. Sticke die Nase in Ivory und bringe die Augenbrauen nur 1 Rd über den Augen an.

HAARKAPPE (IN SAND)

Folge dazu Rd 1–10 der Anleitung für die Haarkappe der Jungfrau auf S. 20. Häkle anschließend wie folgt weiter:

11. Rd: * 1 fM, 2 Lm, in die 2. Lm einstechen, 1 Km *, von * bis * noch 27 x wdh (= 28 M). (Lm und Km werden nicht mitgezählt.)

Den Faden abschneiden und die Haarkappe festnähen.

FLOSSEN (2 X IN TEDDY)

Häkle in Rd. Die Flossen nicht mit Füllwatte ausstopfen.

1. Rd: 6 fM in einen Fadenring häkeln (= 6 M).

2. Rd: 6 x 1 M zun (= 12 M).

3.–6. Rd: 12 fM häkeln.

7. Rd: *4 fM, 1 M abn*, von * bis * noch 1 x wdh (= 10 M).

8. Rd: *3 fM, 1 M abn*, von * bis * noch 1 x wdh (= 8 M).

Das Ende falten und mit 4 fM zusammenhäkeln. Den Faden lang abschneiden und die Flossen am Körper festnähen.

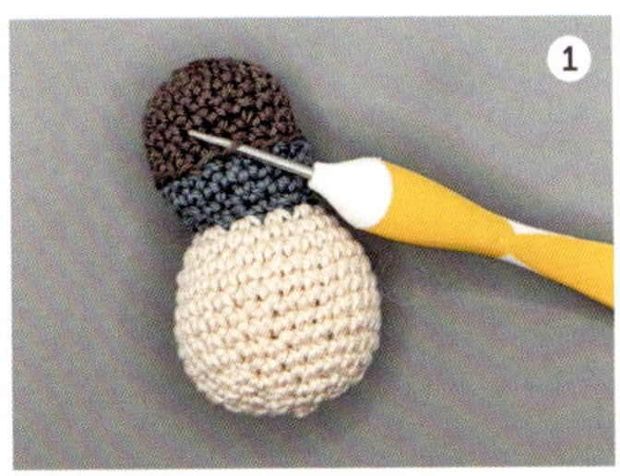

1

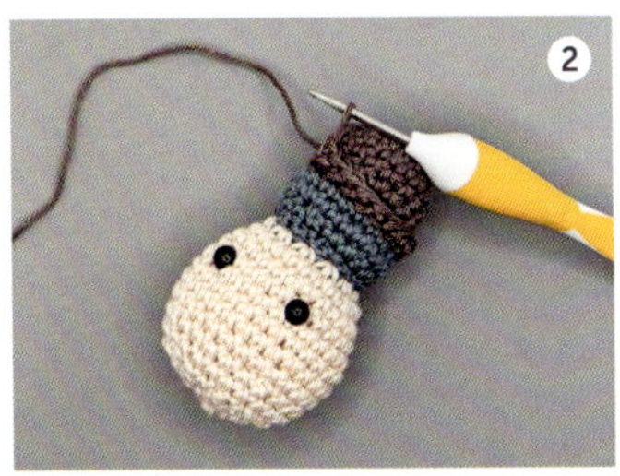

2

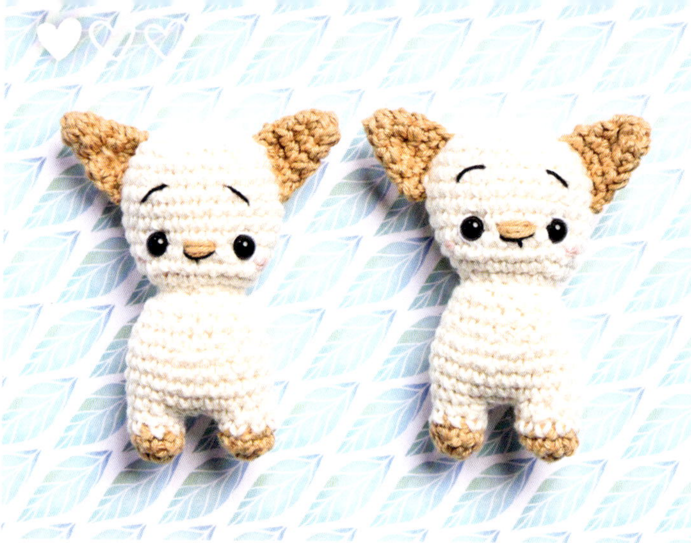

ZWILLING

GRÖSSE
8 cm

MATERIAL
Schachenmayr Catania (100 % Baumwolle, LL 125 m/50 g) in
- Creme (Fb 130), 8 g
- Camel (Fb 179), 5 g

BEINE (2 X IN CREME UND CAMEL)

Beginne in Camel. Folge dazu der Anleitung der Beine für den Löwen auf S. 16. Der Fb-Wechsel zu Creme erfolgt nach der 2. Rd.

KÖRPER UND KOPF (IN CREME)

Folge der Anleitung für Körper und Kopf des Löwen auf S. 16. Der Abstand zwischen den Augen sollte hier jedoch 5 sichtbare fM betragen.

GESICHT FERTIGSTELLEN

Sticke die Nase in Camel über 2 fM Breite zwischen den Augen auf, stich dazu 4 x ein. Anschließend unter der Nase einen Kontrast mit schwarzem Filetgarn über die Breite der Nase aufsticken. Darunter noch 1 fM nach unten sticken, um die Schnauze fertigzustellen 1 – 3.

Für die restlichen Details folge der Anleitung des Löwengesichts auf S. 16.

OHREN (2 X IN CAMEL)

Häkle in Rd. Die Ohren nicht mit Füllwatte ausstopfen.

1. Rd: 6 fM in einen Fadenring häkeln (= 6 M).
2. Rd: * 2 fM, 1 M zun *, von * bis * noch 1 x wdh (= 8 M).
3. Rd: 8 fM häkeln.
4. Rd: * 3 fM, 1 M zun *, von * bis * noch 1 x wdh (= 10 M).
Das Ende falten und mit 5 fM zusammenhäkeln. Den Faden lang abschneiden und die Ohren auf dem Kopf festnähen.

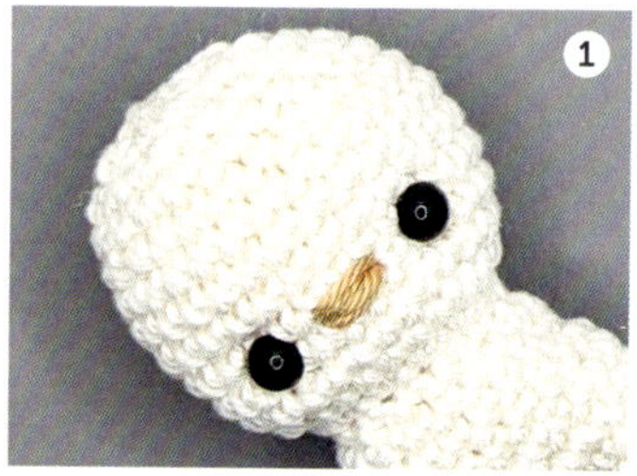

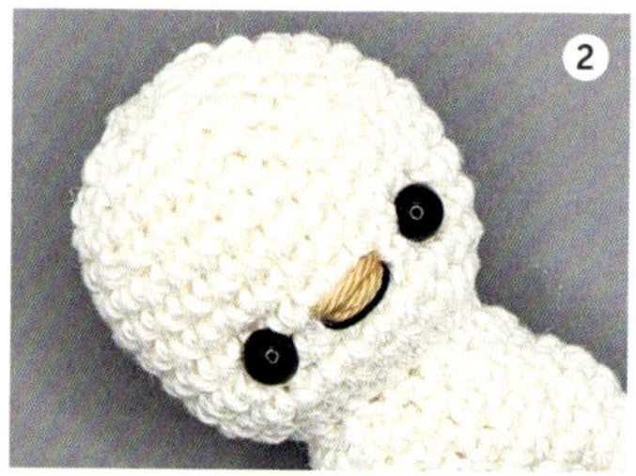

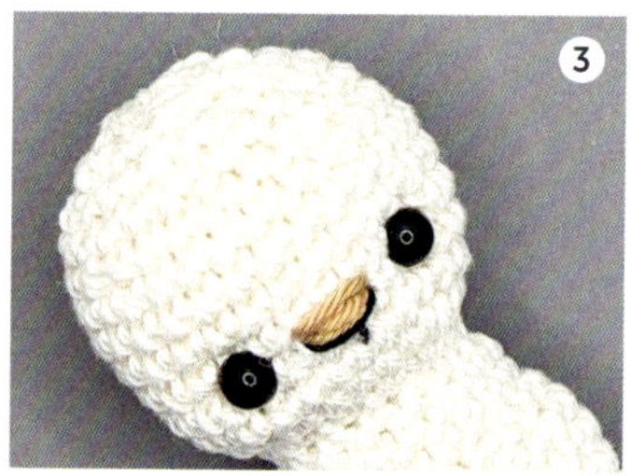

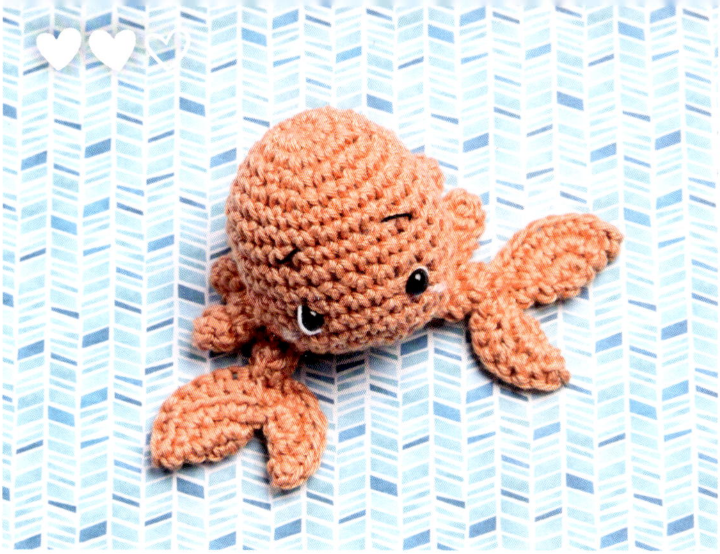

KREBS

GRÖSSE
6 cm

MATERIAL
Schachenmayr Catania (100 % Baumwolle, LL 125 m/50 g) in
› Scampi (Fb 427), 12 g

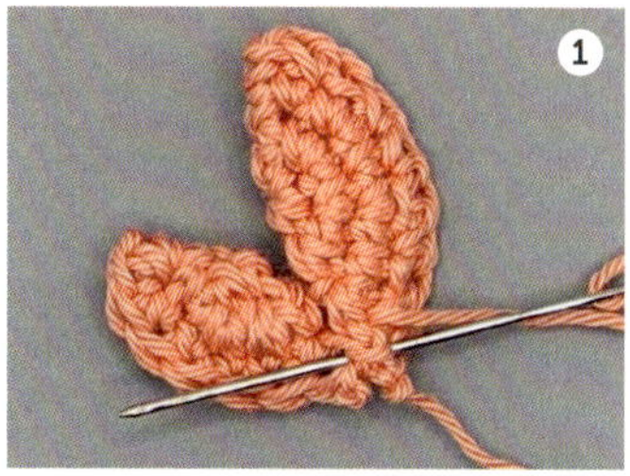

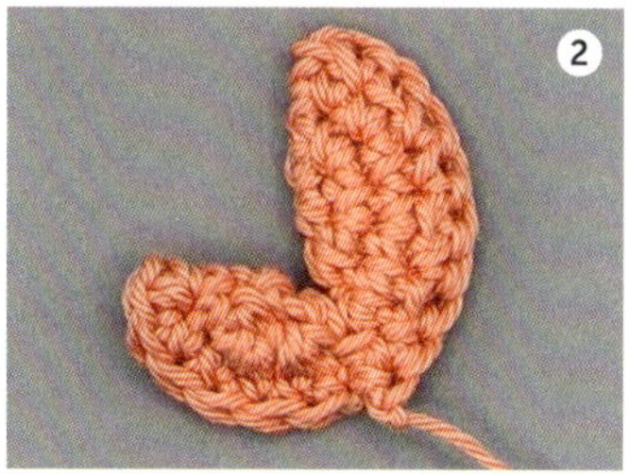

KÖRPER (IN SCAMPI)
Folge dazu der Anleitung des Körpers für den Hahn auf S. 30. Befestige hier jedoch die Augen zwischen Rd 11 und 12 mit 5 sichtbaren fM Abstand.

SCHEREN (2 X IN SCAMPI)
Häkle in Rd. Die Scheren nicht mit Füllwatte ausstopfen.

SCHEREN TEIL 1
1. Rd: 6 fM in einen Fadenring häkeln (= 6 M).
2. Rd: 6 x 1 M zun (= 12 M).
3. Rd: * 1 fM, 1 M zun *, von * bis * noch 5 x wdh (= 18 M).
Das Ende falten und mit 9 fM zusammenhäkeln. Den Faden lang abschneiden und den zweiten Teil häkeln.

SCHEREN TEIL 2
Wiederhole Rd 1–2 des ersten Teils. Das Ende falten und mit 6 fM zusammenhäkeln. Den Faden lang abschneiden und beide Teile an den Kanten zusammennähen. Einen der Fäden hängenlassen, den zweiten vernähen 1 – 2.

ARME (2 X IN SCAMPI)
Häkle in Rd. Die Arme nicht mit Füllwatte ausstopfen.
1. Rd: 5 fM in einen Fadenring häkeln (= 5 M).
2.–3. Rd: 5 fM häkeln.
Den Faden lang abschneiden und die Schere an Rd 1 der Arme festnähen. Die Arme leicht schräg am Körper, seitlich unter den Augen festnähen.

BEINE (6 X IN SCAMPI)
Häkle in Rd. Die Beine nicht mit Füllwatte ausstopfen.
Wiederhole dazu Rd 1–3 der Arme, häkle jedoch noch eine weitere Rd mit 5 fM. Den Faden lang abschneiden und die Beine je seitlich am Körper festnähen.

GESICHT FERTIGSTELLEN
Folge dazu der Anleitung des Löwengesichts auf S. 16.

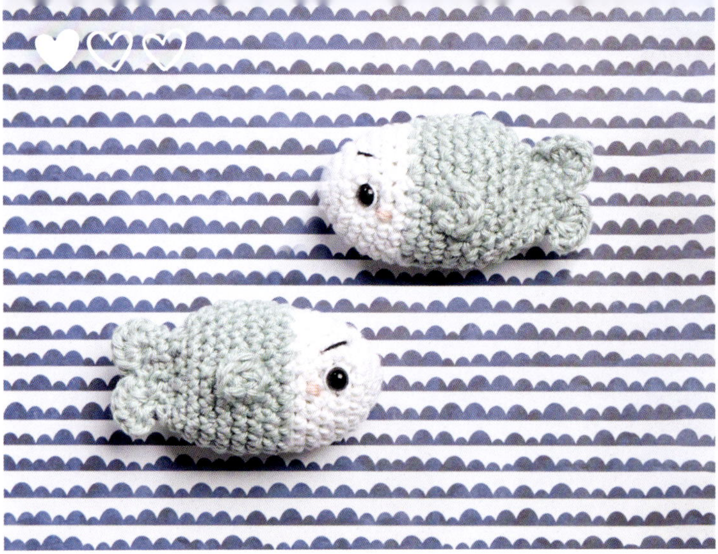

FISCHE

GRÖSSE
6 cm

MATERIAL
Schachenmayr Catania (100 % Baumwolle, LL 125 m/50 g) in
- Reseda (Fb 402), 5 g
- Natur (Fb 105), 3 g

KÖRPER UND RÜCKENFLOSSE (IN NATUR UND RESEDA)

Häkle in Rd. Den Körper fortlaufend mit Füllwatte ausstopfen. Beginne in Natur.

1. Rd: 6 fM in einen Fadenring häkeln (= 6 M).
2. Rd: 6 x 1 M zun (= 12 M).
3. Rd: * 1 fM, 1 M zun *, von * bis * noch 5 x wdh (= 18 M).
4.–8. Rd: 18 fM häkeln.
Fb-Wechsel zu Reseda.
9. Rd: * 2 fM, 1 M zun *, von * bis * noch 5 x wdh (= 24 M).
Die Augen zwischen Rd 5 und 6 mit 8 sichtbaren fM Abstand befestigen.
10.–13. Rd: 24 fM häkeln.
14. Rd: * 2 fM, 1 M abn *, von * bis * noch 5 x wdh (= 18 M).
15. Rd: 18 fM häkeln.
16. Rd: * 1 fM, 1 M abn *, von * bis * noch 5 x wdh (= 12 M).
Das Ende falten und mit 6 fM zusammenhäkeln. Weiter mit der Rückenflosse. Häkle 1 Lm und wende deine Arbeit, weiter in R.
17. R: 1 fM, 2 x 1 M abn, 1 fM, 1 Lm und wenden (= 4 M).
18. R: 6 hStb in eine M, 2 Km, 6 hStb in eine M (= 14 M). 1 – 2

Abketten, den Faden abschneiden und vernähen.

SEITENFLOSSEN (2 X IN RESEDA)

Häkle in Rd. Die Seitenflossen nicht mit Füllwatte ausstopfen.
1. Rd: 6 hStb in einen Fadenring häkeln.
Den Fadenring zuziehen, mit einer Km in die 1. M beenden und den Faden lang abschneiden. Die Seitenflossen 2 Rd hinter dem Fb-Wechsel am Körper festnähen.

GESICHT FERTIGSTELLEN

Folge dazu der Anleitung des Löwengesichts auf S. 16. Jedoch keine Nase aufsticken.

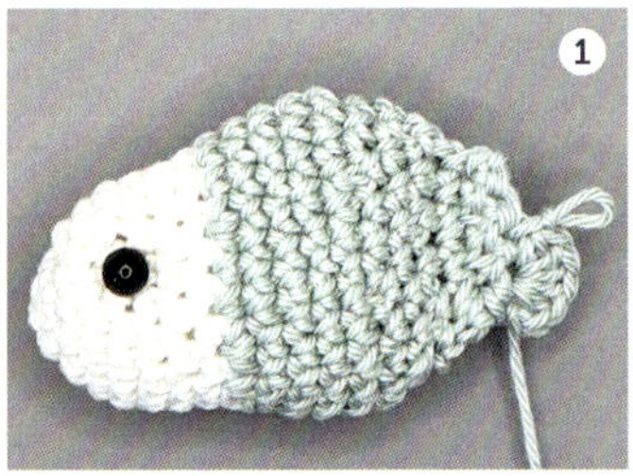
1

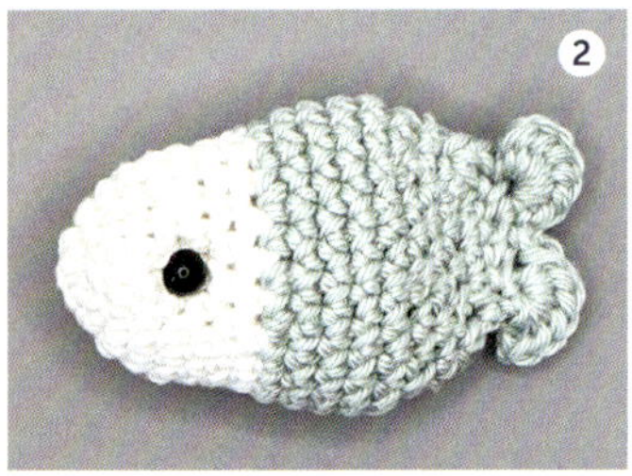
2

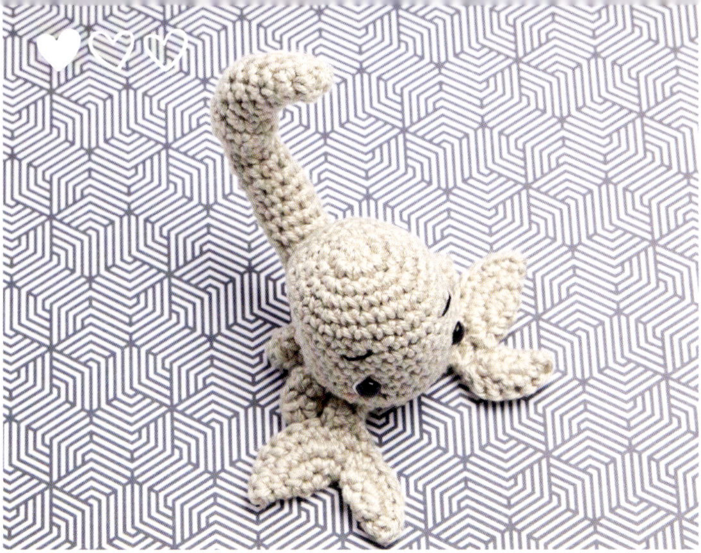

SKORPION

GRÖSSE
6 cm

MATERIAL
Wollbutt Camilla (100 % Baumwolle, LL 125 m/50 g) in
› Leinen (Fb 27158), 12 g

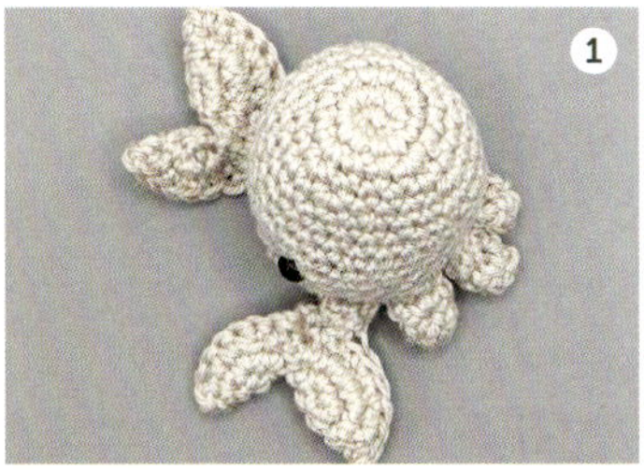

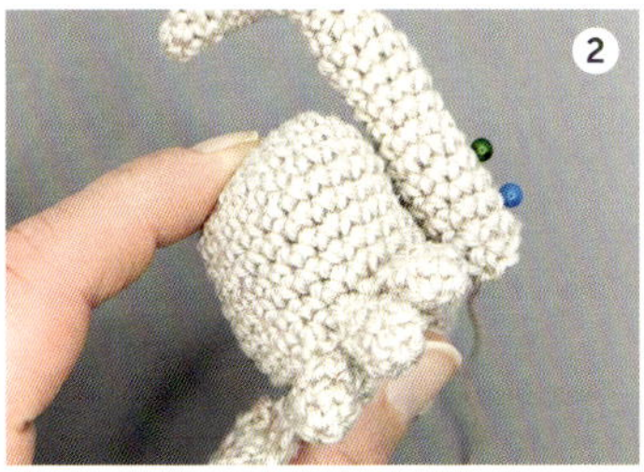

KÖRPER (IN LEINEN)
Folge dazu der Anleitung des Körpers für den Hahn auf S. 30. Befestige hier jedoch die Augen zwischen Rd 11 und 12 mit 5 sichtbaren fM Abstand.

SCHEREN (2 X IN LEINEN)
Folge dazu der Anleitung der Scheren für den Krebs auf S. 25.

ARME (2 X IN LEINEN)
Folge dazu der Anleitung der Arme für den Krebs auf S. 25.

BEINE (6 X IN LEINEN)
Folge dazu der Anleitung der Beine für den Krebs auf S. 25 1.

GESICHT FERTIGSTELLEN
Folge dazu der Anleitung des Löwengesichts auf S. 16.

SCHWANZ (IN LEINEN)
Häkle in Rd. Den Schwanz fortlaufend mit Füllwatte ausstopfen.
1. Rd: 6 fM in einen Fadenring häkeln (= 6 M).
2.–3. Rd: 6 fM häkeln.
4. Rd: 2 fM, 2 x 1 M zun, 2 fM (= 8 M).
5.–7. Rd: 8 fM häkeln.
8. Rd: 3 fM, 2 x 1 M zun, 3 fM (= 10 M).
9. Rd: 10 fM häkeln.
10. Rd: 3 fM, 2 x 1 M abn, 3 fM (= 8 M).
11. Rd: 2 fM, 2 x 1 M abn, 2 fM (= 6 M).
12. Rd: * 2 fM, 1 M zun *, von * bis * noch 1 x wdh (= 8 M).
13.–24. Rd: 8 fM häkeln.
Den Faden lang abschneiden und den Schwanz am Rücken festnähen 2.

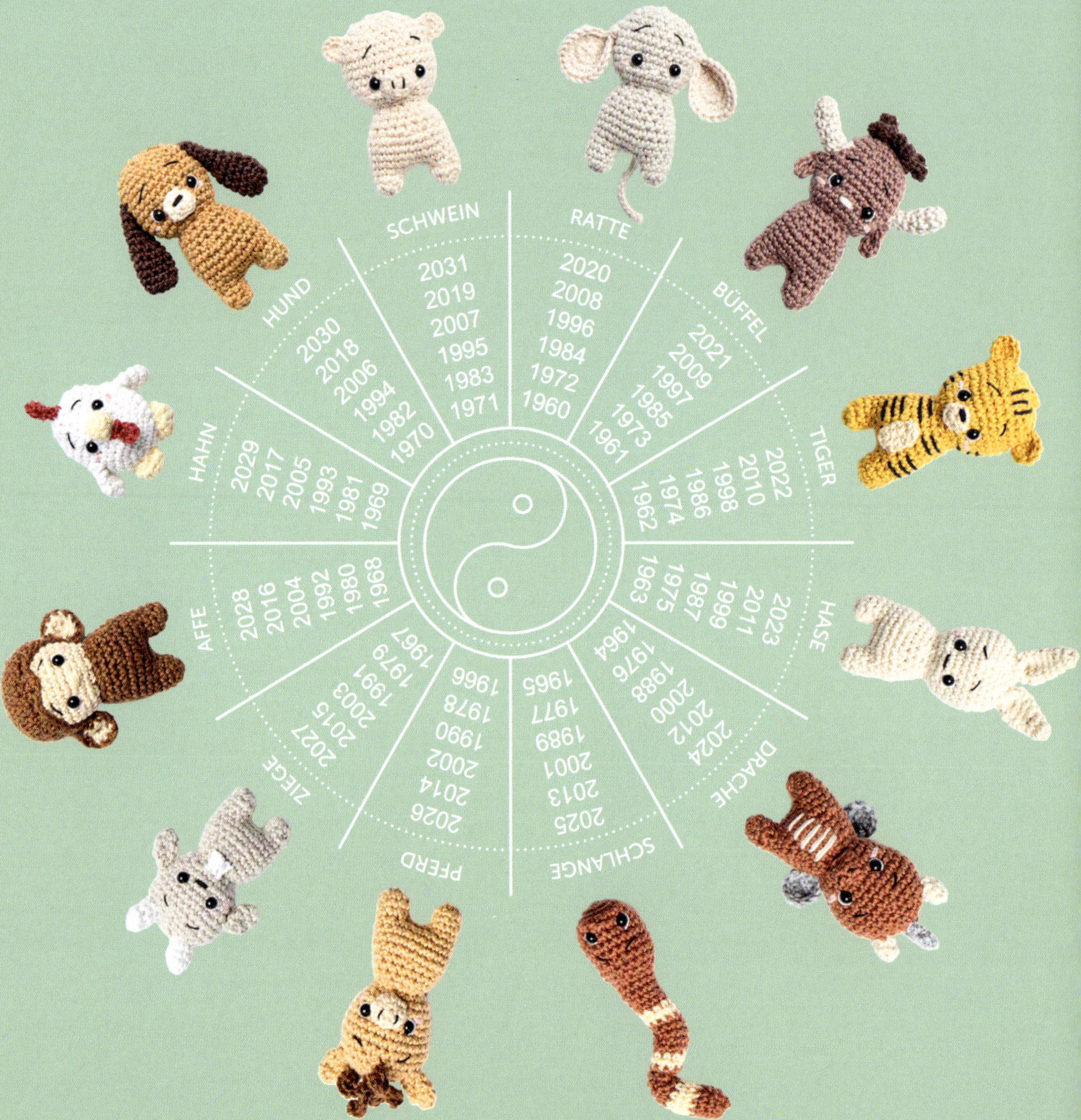

RATTE
2020 2008 1996 1984 1972 1960
BÜFFEL
2021 2009 1997 1985 1973 1961
TIGER
2022 2010 1998 1986 1974 1962
HASE
2023 2011 1999 1987 1975 1963
DRACHE
2024 2012 2000 1988 1976 1964
SCHLANGE
2025 2013 2001 1989 1977 1965
PFERD
2026 2014 2002 1990 1978 1966
ZIEGE
2027 2015 2003 1991 1979 1967
AFFE
2028 2016 2004 1992 1980 1968
HAHN
2029 2017 2005 1993 1981 1969
HUND
2030 2018 2006 1994 1982 1970
SCHWEIN
2031 2019 2007 1995 1983 1971

CHINESISCHE TIERKREISZEICHEN

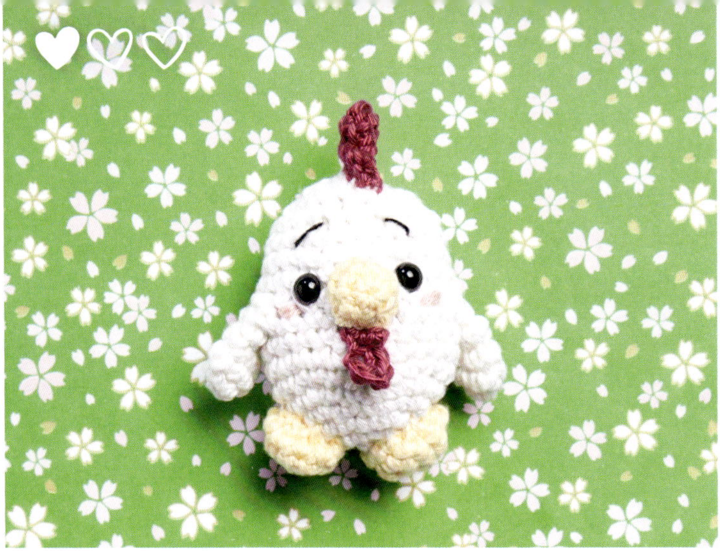

HAHN

GRÖSSE
6 cm

MATERIAL
Wollbutt Camilla (100 % Baumwolle, LL 125 m/50 g) in
- Weiß (Fb 35432), 5 g
- Bordeaux (Fb 35980), ein Rest
- Gelb (Fb 35436), ein Rest

KÖRPER (IN WEISS)

Häkle in Rd. Den Körper fortlaufend mit Füllwatte ausstopfen.
1. Rd: 8 fM in einen Fadenring häkeln (= 8 M).
2. Rd: * 1 fM, 1 M zun *, von * bis * noch 3 x wdh (= 12 M).
3. Rd: * 2 fM, 1 M zun *, von * bis * noch 3 x wdh (= 16 M).
4. Rd: * 3 fM, 1 M zun *, von * bis * noch 3 x wdh (= 20 M).
5. Rd: * 4 fM, 1 M zun *, von * bis * noch 3 x wdh (= 24 M).
6.–13. Rd: 24 fM häkeln.
14. Rd: * 4 fM, 1 M abn *, von * bis * noch 3 x wdh (= 20 M).
Die Augen zwischen Rd 10 und 11 mit 4 sichtbaren fM Abstand befestigen.
15. Rd: * 3 fM, 1 M abn *, von * bis * noch 3 x wdh (= 16 M).
16. Rd: 8 x 1 M abn (= 8 M).
Den Faden abschneiden, durch alle vorderen M-Glieder der letzten Rd fädeln, fest zuziehen und vernähen.

FÜSSE (2 X IN GELB)

Häkle in Rd. Die Füße nicht mit Füllwatte ausstopfen.
5 Lm anschlagen, in die 2. Lm einstechen und wie folgt um die Lm-Kette herumhäkeln:
1. Rd: 3 fM, 3 fM in eine M, 2 fM, 1 M zun (= 10 M).
2.–3. Rd: 10 fM häkeln.
4. Rd: 5 x 1 M abn (= 5 M).
Den Faden abschneiden, durch alle vorderen M-Glieder der letzten Rd fädeln, fest zuziehen und die Füße unter dem Körper festnähen.

SCHNABEL (IN GELB)

Häkle in Rd. Den Schnabel nicht mit Füllwatte ausstopfen.
1. Rd: 6 fM in einen Fadenring häkeln (= 6 M).
2.–3. Rd: 6 fM häkeln.
Abketten, den Faden lang abschneiden und den Schnabel zwischen den Augen festnähen.

KEHLLAPPEN (IN BORDEAUX)

3 Lm anschlagen, in die 2. Lm von der Nd aus einstechen und wie folgt entlang der Lm-Kette häkeln:
1. R: 4 fM in eine M, 1 fM (= 5 M).
Den Faden lang abschneiden und den Kehllappen unter dem Schnabel festnähen.

KAMM (IN BORDEAUX)

Häkle in Rd. Den Kamm nicht mit Füllwatte ausstopfen.
1. Rd: 6 fM in einen Fadenring häkeln (= 6 M).
2.–3. Rd: 6 fM häkeln.
Das Ende falten und mit 3 fM zusammenhäkeln. Den Faden lang abschneiden und den Kamm auf dem Kopf festnähen.

FLÜGEL (2 X IN WEISS)

Häkle in Rd. Die Flügel nicht mit Füllwatte ausstopfen.
1. Rd: 8 fM in einen Fadenring häkeln (= 8 M).
2.–4. Rd: 8 fM häkeln.
Das Ende falten und mit 4 fM zusammenhäkeln. Den Faden lang abschneiden und die Flügel seitlich am Körper festnähen.

GESICHT FERTIGSTELLEN

Folge dazu der Anleitung des Löwengesicht auf S. 16.

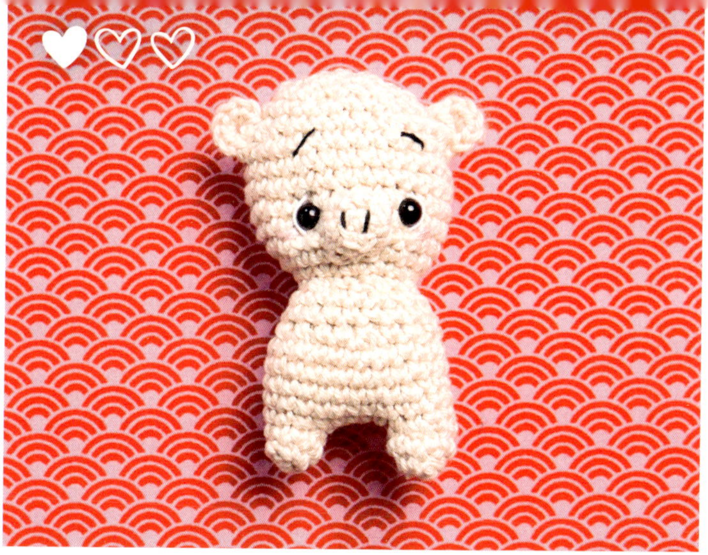

SCHWEIN

GRÖSSE
8 cm

MATERIAL
Schachenmayr Catania (100 % Baumwolle, LL 125 m/50 g) in
› Soft Apricot (Fb 263), 8 g

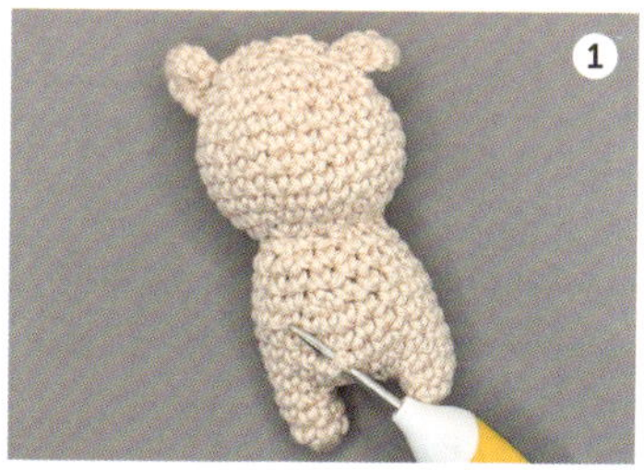

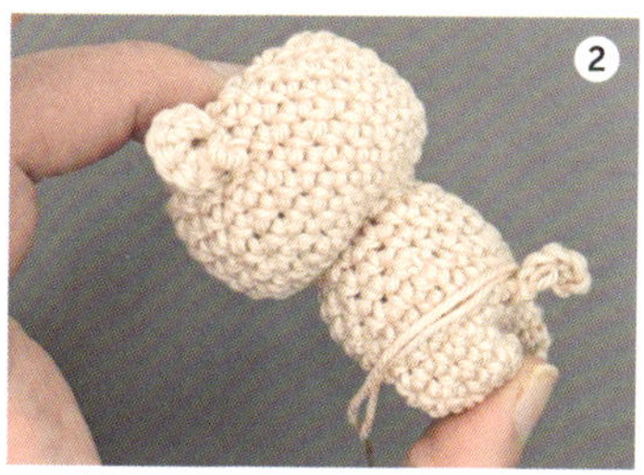

BEINE (2 X IN SOFT APRICOT)

Folge dazu der Anleitung der Beine für den Löwen auf S. 16.

KÖRPER UND KOPF (IN SOFT APRICOT)

Folge dazu der Anleitung für Körper und Kopf des Löwen auf S. 16.

NASE (IN SOFT APRICOT)

Häkle in Rd. Die Nase nicht mit Füllwatte ausstopfen.

1. Rd: 6 fM in einen Fadenring häkeln (= 6 M).
1. Rd: 6 fM ihM häkeln.
3. Rd: 6 fM häkeln.
Abketten, den Faden lang abschneiden und die Nase zwischen den Augen festnähen.

OHREN (2 X IN SOFT APRICOT)

Häkle in Rd.
1. Rd: 8 fM in einen Fadenring häkeln (= 8 M).
Abketten, den Faden lang abschneiden und die Ohren über Rd 18–19 seitlich am Kopf festnähen.

GESICHT FERTIGSTELLEN

Folge dazu der Anleitung des Löwengesicht auf S. 16. Anstatt der Nase jedoch zwei Nasenlöcher über 1 fM Höhe auf der Nase aufsticken.

SCHWANZ (IN SOFT APRICOT)

Stich am unteren Rücken des Schweins ein und nimm den Faden in Soft Apricot auf. Häkle 1 Km zum Fixieren des Fadens. Danach 4 Lm anschlagen, in die 2. Lm von der Nd aus einstechen und 3 x 1 M entlang der Lm-Kette zun. 1 Km in den Körper häkeln, den Faden abscheiden und vernähen 1 – 2.

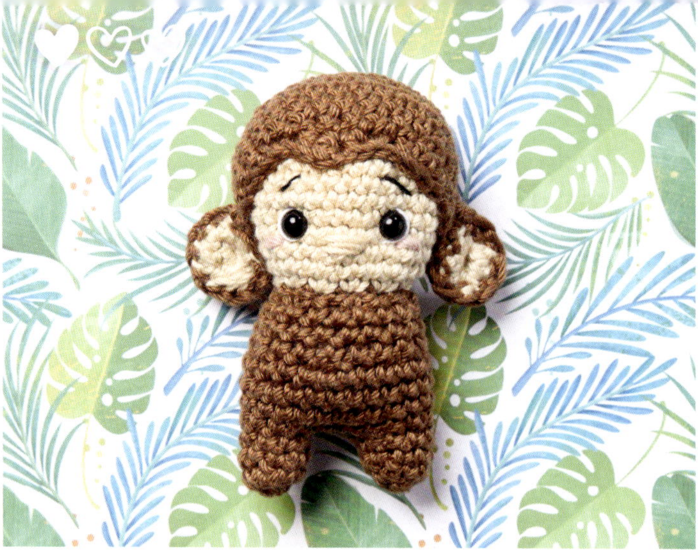

AFFE

GRÖSSE
8 cm

MATERIAL
Schachenmayr Catania (100 % Baumwolle, LL 125 m/50 g) in
- Sand (Fb 404), 5 g
- Marone (Fb 157), 12 g

BEINE (2 X IN MARONE)

Folge dazu der Anleitung der Beine für den Löwen auf S. 16.

KÖRPER UND KOPF (IN MARONE UND SAND)

Beginne in Marone. Folge der Anleitung für Körper und Kopf des Löwen auf S. 16. Den Fb-Wechsel zu Sand nach Rd 9 des Körpers häkeln.

HAUBE (IN MARONE)

Häkle in Rd.

1. Rd: 6 fM in einen Fadenring häkeln (= 6 M).

2. Rd: 6 x 1 M zun (= 12 M).

3. Rd: * 1 fM, 1 M zun *, von * bis * noch 5 x wdh (= 18 M).

4. Rd: * 2 fM, 1 M zun *, von * bis * noch 5 x wdh (= 24 M).

5. Rd: * 5 fM, 1 M zun *, von * bis * noch 3 x wdh (= 28 M).

6.–10. Rd: 28 fM häkeln.

11. Rd: 11 fM, 2 Km, 1 fM, 2 Lm, 1 fM in die 2. Lm, 1 fM, 2 Km, 11 fM (= 28 M).

Abketten, den Faden lang abschneiden und die Haube auf dem Kopf festnähen. Die Spitze liegt dabei vorne mittig 1.

OHREN (2 X IN SAND, 2 X IN MARONE)

Beginne in Sand. Die Ohren nicht mit Füllwatte ausstopfen.

1. Rd: 6 fM in einen Fadenring häkeln (= 6 M).

2. Rd: * 1 fM, 1 M zun *, von * bis * noch 2 x wdh (= 9 M).

Den Faden abschneiden und vernähen. Einen zweiten Teil in Marone häkeln, jedoch den Faden nicht abschneiden. Beide Teile mit der Rückseite aufeinanderlegen und mit 9 fM zusammenhäkeln 2, 3. Den Faden lang abschneiden und die Ohren seitlich am Kopf festnähen.

GESICHT FERTIGSTELLEN

Folge dazu der Anleitung des Gesichts für den Löwen auf S. 16. Sticke die Augenbrauen 1 Rd über den Augen und die Nase in Sand auf.

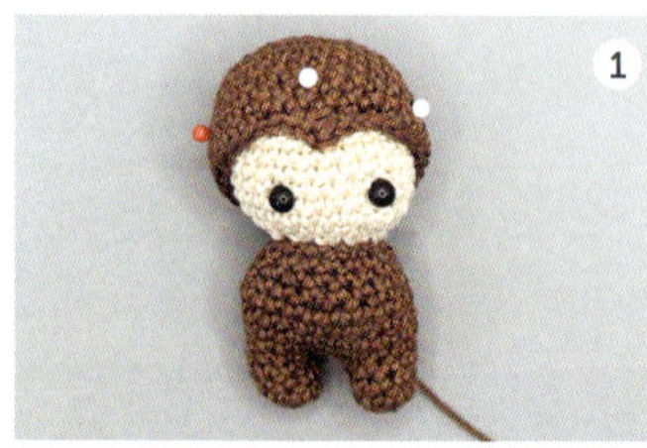
1

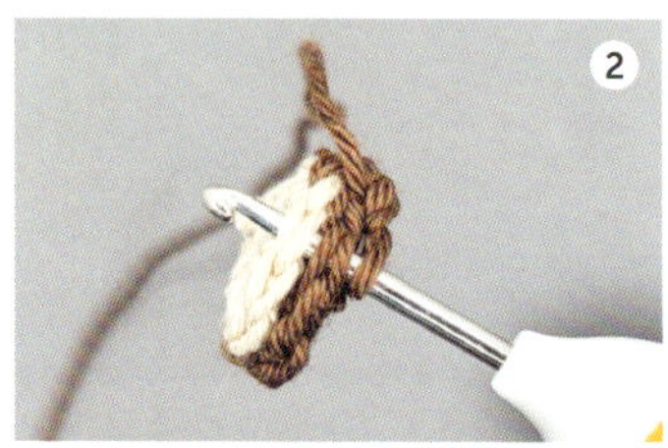
2

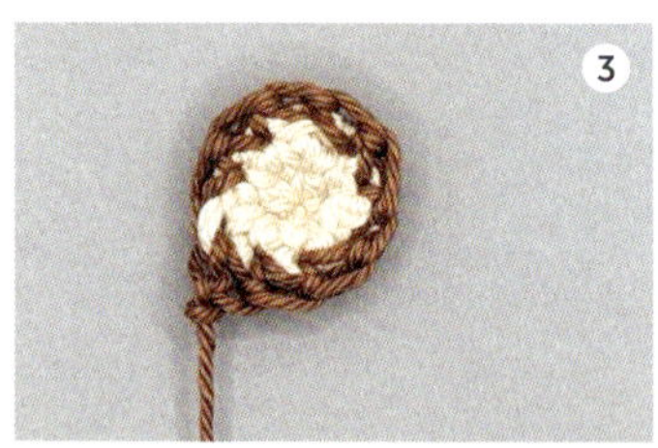
3

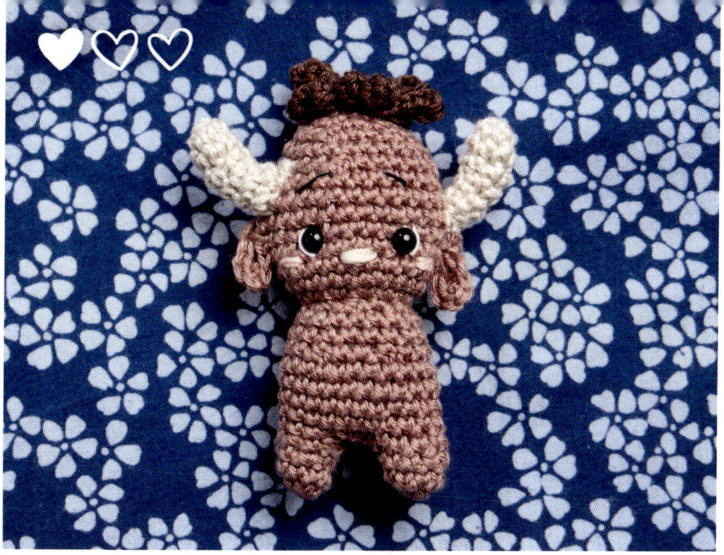

BÜFFEL

GRÖSSE
8 cm

MATERIAL
Wollbutt Camilla
(100 % Baumwolle,
LL 125 m/50 g) in
- Mauve (Fb 102691), 8 g
- Schoko (Fb 21877), 3 g
- Leinen (Fb 27158), 3 g
- Puder (Fb 14256), ein Rest

BEINE (2 X IN MAUVE)

Folge dazu der Anleitung der Beine für den Löwen auf S. 16.

KÖRPER UND KOPF (IN MAUVE)

Folge der Anleitung für Körper und Kopf des Löwen auf S. 16.

OHREN (2 X IN MAUVE)

5 Lm anschlagen, in die 2. Lm von der Nd aus einstechen und wie folgt um die Lm-Kette herumhäkeln:
1. Rd: 3 fM, 3 fM in eine M, 2 fM, 1 M zun (= 10 M).
Den Faden abschneiden, das Ende falten und zwei der gegenüberliegenden fM mit ein paar Stichen zusammennähen. Die Ohren zwischen Rd 14 und 15 seitlich am Kopf festnähen.

HÖRNER (2 X IN LEINEN)

Häkle in Rd. Die Hörner fortlaufend mit Füllwatte ausstopfen.
1. Rd: 6 fM in einen Fadenring häkeln (= 6 M).
2.–7. Rd: 6 fM häkeln.
Den Faden lang abschneiden und die Hörner über den Ohren festnähen.

LOCKEN (IN SCHOKO)

Folge dazu der Anleitung für die Mähne des Löwen auf S. 16. Häkle dazu insgesamt 11 Locken auf die Mitte des Kopfes 1 – 3.

GESICHT FERTIGSTELLEN

Folge dazu der Anleitung des Gesichts für den Löwen auf S. 16. Sticke die Nase direkt zwischen den Augen in Leinen auf.

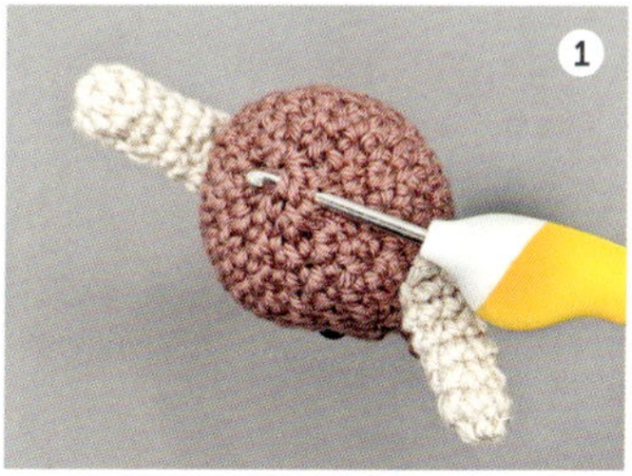

1

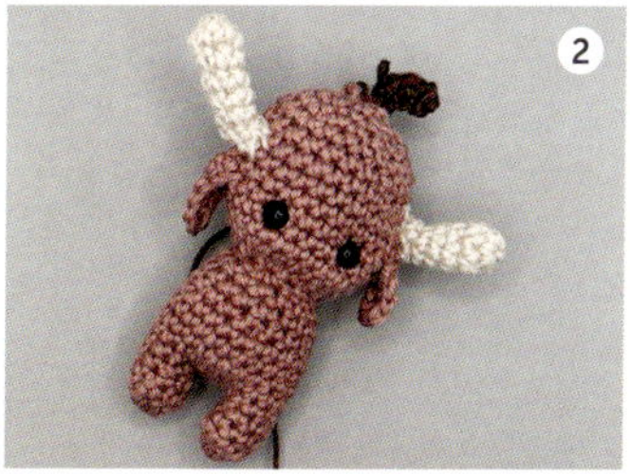

2

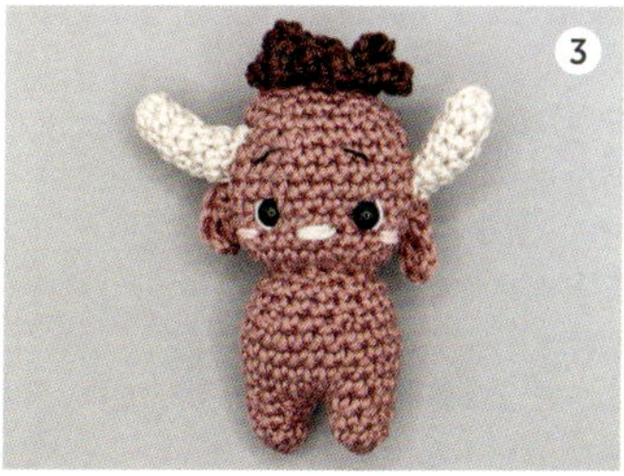

3

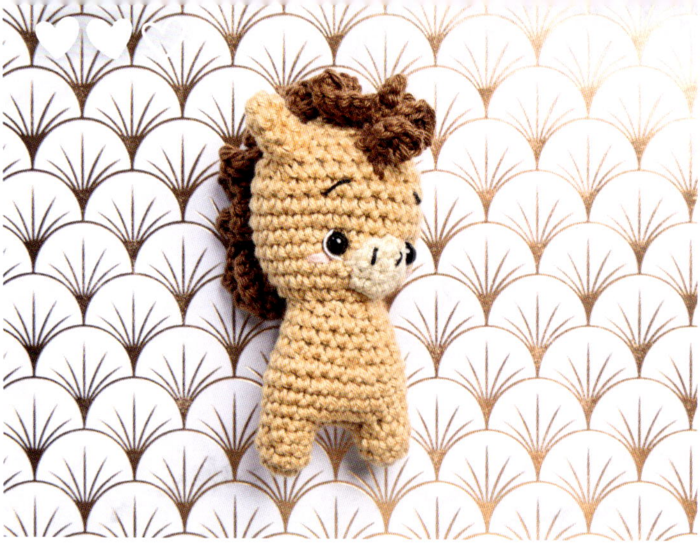

PFERD

GRÖSSE
8 cm

MATERIAL
Schachenmayr Catania (100 % Baumwolle, LL 125 m/50 g) in
- Camel (Fb 179), 8 g
- Sand (Fb 404), ein Rest
- Marone (Fb 157), 5 g

BEINE (2 X IN CAMEL)

Folge dazu der Anleitung der Beine für den Löwen auf S. 16.

KÖRPER UND KOPF (IN CAMEL)

Folge der Anleitung für Körper und Kopf des Löwen auf S. 16.

OHREN (2 X IN CAMEL)

Häkle in Rd. Die Ohren nicht mit Füllwatte ausstopfen.
1. Rd: 6 fM in einen Fadenring häkeln (= 6 M).
2.–3. Rd: 6 fM häkeln.
4. Rd: * 2 fM, 1 M zun *, von * bis * noch 1 x wdh (= 8 M).
Faden lang abschneiden, das Ohr falten und die Kanten mit zwei Stichen zusammennähen. Die Ohren zwischen Rd 18 und 19 am Kopf festnähen.

SCHNAUZE (IN SAND)

Häkle in Rd. Die Schnauze nicht mit Füllwatte ausstopfen.
1. Rd: 6 fM in einen Fadenring häkeln (= 6 M).
2. Rd: * 2 fM, 1 M zun *, von * bis * noch 1 x wdh (= 8 M).
Den Faden lang abschneiden und die Schnauze zwischen den Augen festnähen.

GESICHT FERTIGSTELLEN

Folge dazu der Anleitung des Gesichts vom Löwen auf S. 16. Sticke die Nasenlöcher in Schwarz auf der Schnauze auf.

MÄHNE (IN MARONE)

23 Lm anschlagen, in die 2. Lm von der Nd aus einstechen und wie folgt in R weiterhäkeln:
1. R: 22 fM, 1 Lm und wenden (= 22 M).
2. R: * 1 fM, 5 Lm, ab der 2. Lm von der Nd aus 4 x 1 M zun *, von * bis * noch 21 x wdh 1 – 2.
Den Faden lang abschneiden und die Mähne auf dem Kopf festnähen 3.

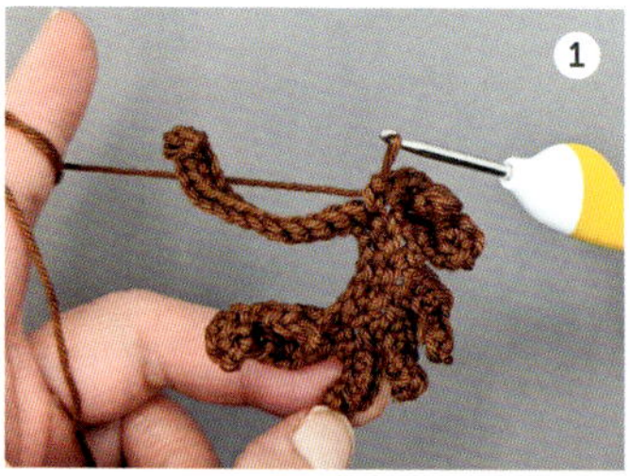
1

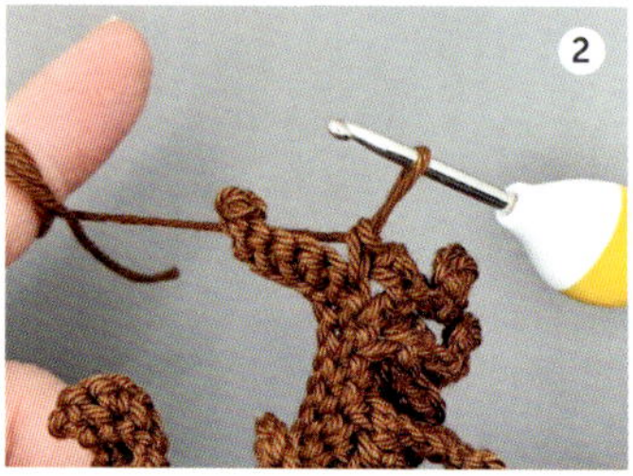
2

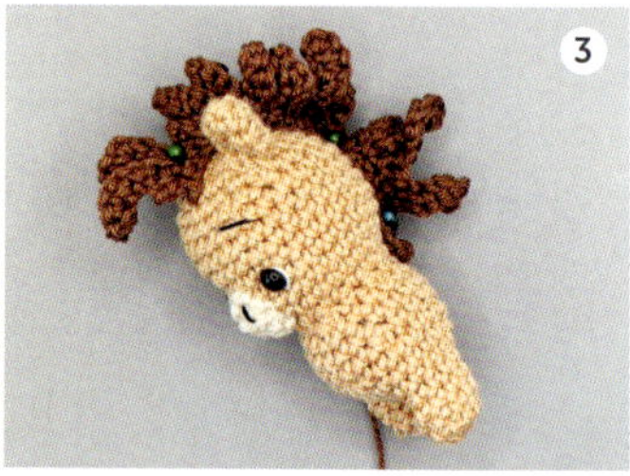
3

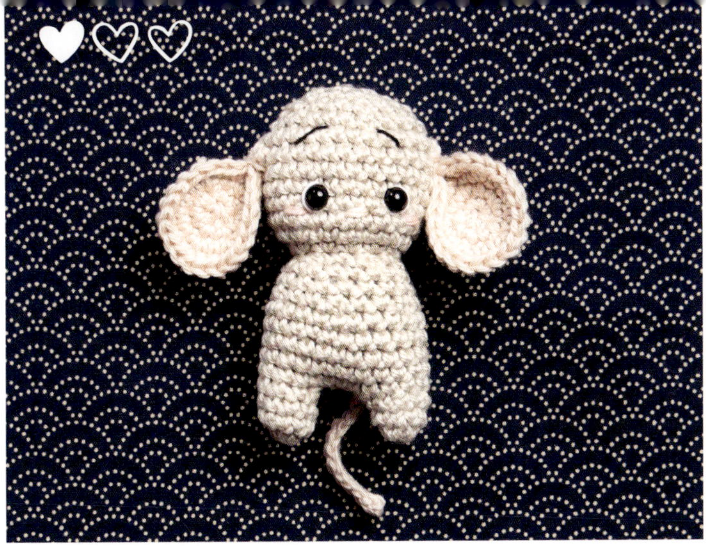

RATTE

GRÖSSE
8 cm

MATERIAL
Wollbutt Camilla (100 % Baumwolle, LL 125 m/50 g) in
› Leinen (Fb 27158), 8 g
› Puder (Fb 14256), 5 g

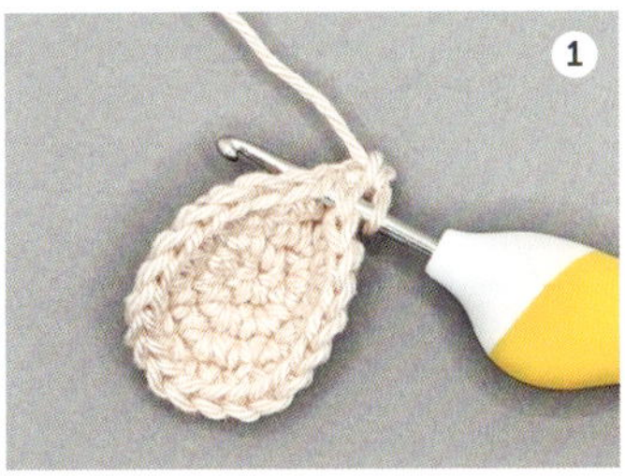

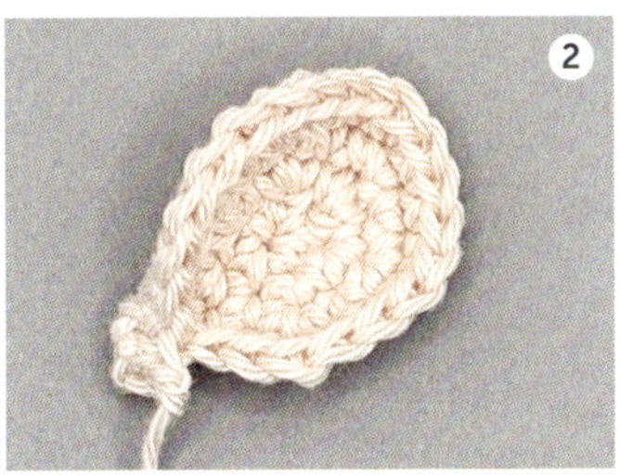

BEINE (2 X IN LEINEN)
Folge dazu der Anleitung der Beine für den Löwen auf S. 16.

KÖRPER UND KOPF (IN LEINEN)
Folge der Anleitung für Körper und Kopf des Löwen auf S. 16.

OHREN (2 X IN PUDER)
Häkle in Rd.
1. Rd: 6 fM in einen Fadenring häkeln (= 6 M).
2. Rd: 6 x 1 M zun (= 12 M).
3. Rd: * 1 fM, 1 M zun *, von * bis * noch 5 x wdh (= 18 M).
4. Rd: * 2 fM, 1 M zun *, von * bis * noch 5 x wdh (= 24 M).
Das Ende falten und zwei der gegenüberliegenden fM mit 2 fM zusammenhäkeln 1 – 2. Den Faden lang abschneiden und die Ohren auf Höhe der Augenbrauen festnähen.

GESICHT FERTIGSTELLEN
Folge dazu der Anleitung des Gesichts vom Löwen auf S. 16. Sticke die Nase allerdings direkt zwischen den Augen in Puder auf.

SCHWANZ (IN PUDER)
16 Lm anschlagen, in die 2. Lm von der Nd aus einstechen und 15 fM entlang der Lm-Kette häkeln. Den Faden lang abschneiden und den Schwanz am Rücken festnähen.

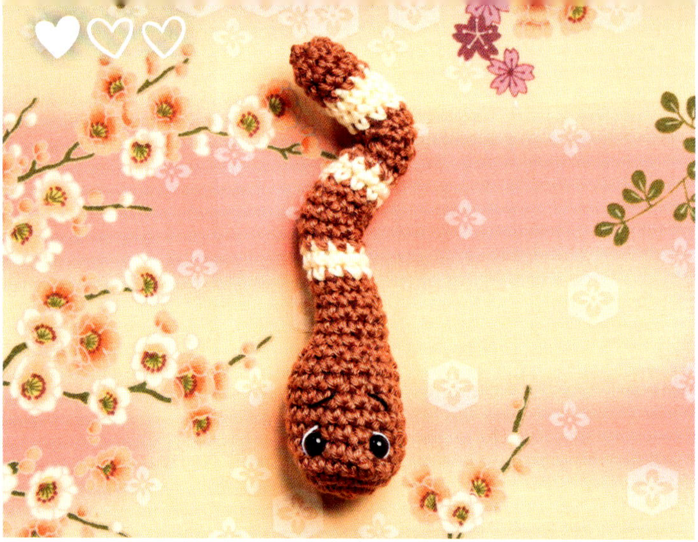

SCHLANGE

GRÖSSE
9 cm

MATERIAL
Wollbutt Camilla (100 % Baumwolle, LL 125 m/50 g) in
- Terra (Fb (269212), 12 g
- Gelb (Fb 35436), ein Rest

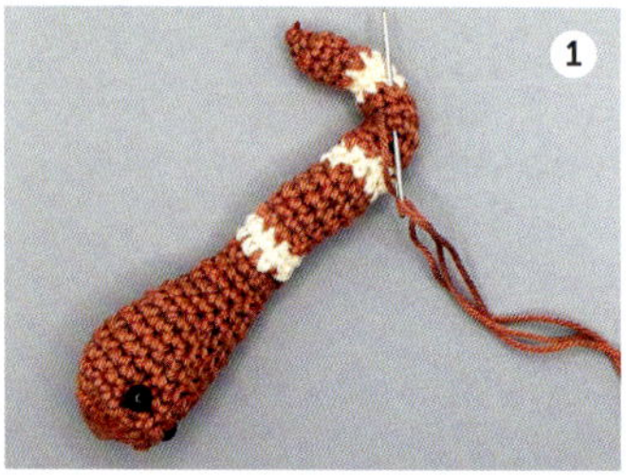

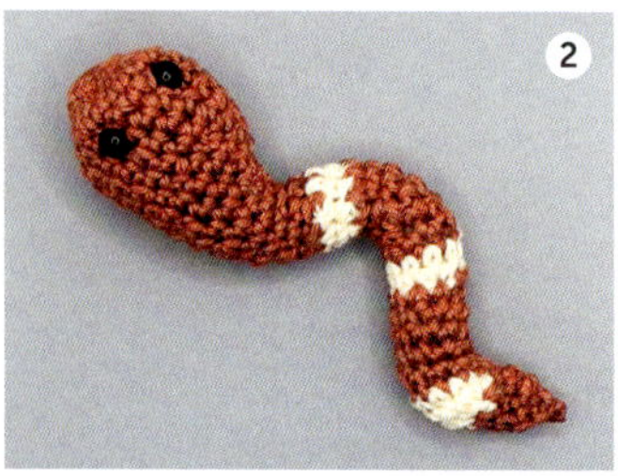

KOPF UND KÖRPER (IN TERRA UND GELB)

Häkle in Rd. Beginne in Terra. Körper und Kopf fortlaufend mit Füllwatte ausstopfen.

1. Rd: 6 fM in einen Fadenring häkeln (= 6 M).
2. Rd: 6 x 1 M zun (= 12 M).
3. Rd: * 1 fM, 1 M zun *, von * bis * noch 5 x wdh (= 18 M).
4.–8. Rd: 18 fM häkeln.
9. Rd: * 7 fM, 1 M abn *, von * bis * noch 1 x wdh (= 16 M).
10. Rd: 16 fM häkeln.
Befestige die Augen zwischen Rd 5 und 6 mit 3 sichtbaren fM Abstand.
11. Rd: * 2 fM, 1 M abn *, von * bis * noch 3 x wdh (= 12 M).
12.–14. Rd: 12 fM häkeln.
15. Rd: * 4 fM, 1 M abn *, von * bis * noch 1 x wdh (= 10 M).
16. Rd: 10 fM häkeln.
Fb-Wechsel zu Gelb.
17.–18. Rd: 10 fM häkeln.
Fb-Wechsel zu Terra.
19.–23. Rd: 10 fM häkeln.
Fb-Wechsel zu Gelb.
24.–25. Rd: 10 fM häkeln.
Fb-Wechsel zu Terra.
26.–30. Rd: 10 fM häkeln.
Fb-Wechsel zu Gelb.
31.–33. Rd: 10 fM häkeln.
Fb-Wechsel zu Terra.
34.–36. Rd: 10 fM häkeln.
37. Rd: 5 x 1 M abn (= 5 M).
Faden lang abschneiden, durch alle vorderen M-Glieder fädeln, fest zuziehen und zur Mitte des Körpers fädeln. Den Körper zweimal falten und die Kanten jeweils mit ein paar Stichen zusammennähen ❶ – ❷. Das Augenweiß aufsticken. Die Augenbrauen 1 Rd über den Augen über 2 fM Breite und 1 Rd Höhe aufsticken.

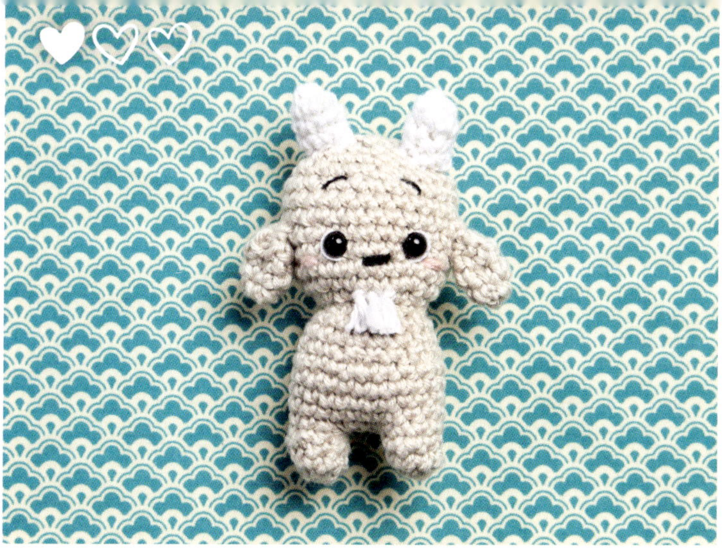

ZIEGE

GRÖSSE
8 cm

MATERIAL
Wollbutt Camilla (100 % Baumwolle, LL 125 m/50 g) in
- Leinen (Fb 27158), 8 g
- Weiß (Fb 35432), ein Rest

BEINE (2 X IN LEINEN)
Folge dazu der Anleitung der Beine für den Löwen auf S. 16.

KÖRPER UND KOPF (IN LEINEN)
Beginne in Weiß. Folge der Anleitung für Körper und Kopf des Löwen auf S. 16.

OHREN (2 X IN LEINEN)
Häkle in Rd. Die Ohren nicht mit Füllwatte ausstopfen.
1. Rd: 6 fM in einen Fadenring häkeln (= 6 M).
2.–3. Rd: 6 fM häkeln.
4. Rd: * 2 fM, 1 M zun *, von * bis * noch 1 x wdh (= 8 M).
Faden lang abschneiden, das Ohr falten und die Kanten mit zwei Stichen zusammennähen. Die Ohren zwischen Rd 14 und 15 am Kopf festnähen 1.

HÖRNER (2 X IN WEISS)
Häkle in Rd. Die Hörner fortlaufend mit Füllwatte ausstopfen.
1. Rd: 6 fM in einen Fadenring häkeln (= 6 M).
2.–4. Rd: 6 fM häkeln.
Den Faden lang abschneiden und die Hörner auf dem Kopf festnähen 2.

GESICHT FERTIGSTELLEN
Folge dazu der Anleitung des Gesichts vom Löwen auf S. 16. Sticke die Nase direkt zwischen den Augen auf.

BART (IN WEISS)
Folge dazu der Anleitung des Bartes für den Steinbock auf S. 18.

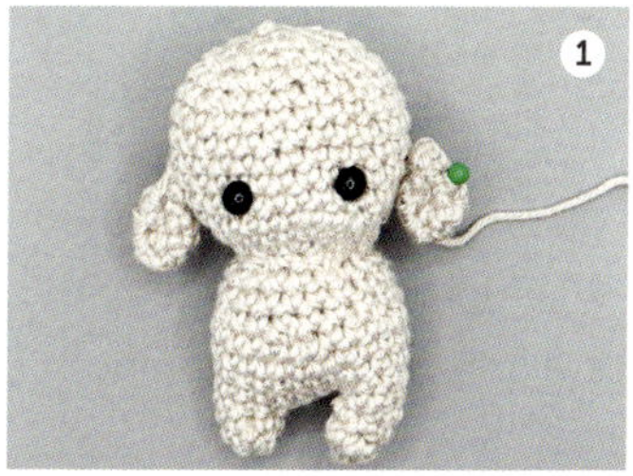

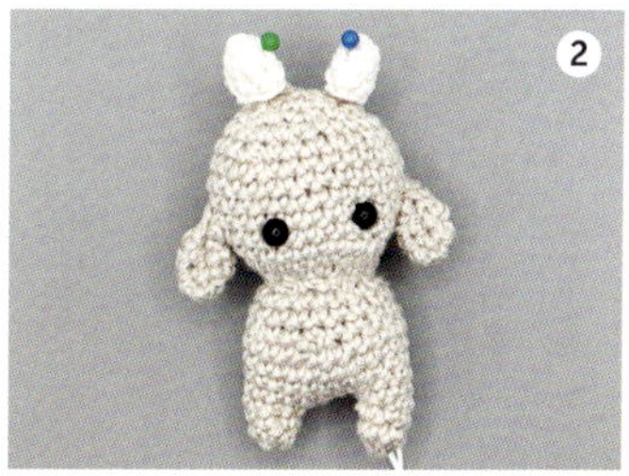

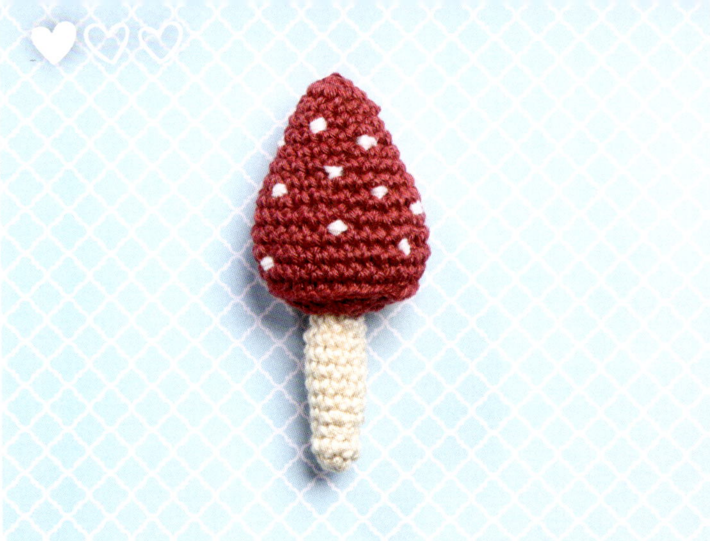

FLIEGENPILZ

GRÖSSE
6 cm

MATERIAL
Wollbutt Camilla (100 % Baumwolle, LL 125 m/50 g) in
- Weiß (Fb 35432), ein Rest
- Bordeaux (Fb 35980), 3 g
- Beige (Fb 35806), ein Rest

KAPPE (IN BORDEAUX)
Häkle in Rd. Die Kappe fortlaufend mit Füllwatte ausstopfen.
1. Rd: 6 fM in einen Fadenring häkeln (= 6 M).
2. Rd: 6 x 1 M zun (= 12 M).
3. Rd: 12 fM häkeln.
4. Rd: * 4 fM, 2 x 1 M zun *, von * bis * noch 1 x wdh (= 16 M).
5. Rd: 16 fM häkeln.
6. Rd: * 6 fM, 2 x 1 M zun *, von * bis * noch 1 x wdh (= 20 M).
7. Rd: * 8 fM, 2 x 1 M zun *, von * bis * noch 1 x wdh (= 24 M).
8. Rd: 24 fM häkeln.
9. Rd: * 3 fM, 1 M zun *, von * bis * noch 5 x wdh (= 30 M).
10.–12. Rd: 30 fM häkeln.
13. Rd: * 3 fM ihM, 1 M abn ihM *, von * bis * noch 5 x wdh (= 24 M).
14. Rd: * 2 fM, 1 M abn *, von * bis * noch 5 x wdh (= 18 M).
15. Rd: * 1 fM, 1 M abn *, von * bis * noch 5 x wdh (= 12 M).
16. Rd: 6 x 1 M abn (= 6 M).
Den Faden abschneiden, durch alle vorderen M-Glieder der letzten Rd fädeln, fest zuziehen und vernähen. Den Faden ivM aus Rd 13 in Bordeaux wieder aufnehmen, von oben nach unten einstechen und 1 Rd Km rundherum häkeln. Den Faden abschneiden und vernähen. Die Punkte in Weiß mit Hilfe des Knötchenstichs aufsticken.

STIEL (IN BEIGE)
Häkle in Rd. Den Stiel locker mit Füllwatte ausstopfen.
1. Rd: 6 fM in einen Fadenring häkeln.
2.–3. Rd: 6 fM häkeln.
4. Rd: * 1 fM, 1 M zun *, von * bis * noch 2 x wdh (= 9 M).
5.–10. Rd: 9 fM häkeln.
Abketten, den Faden lang abschneiden und den Stiel unter der Kappe festnähen.

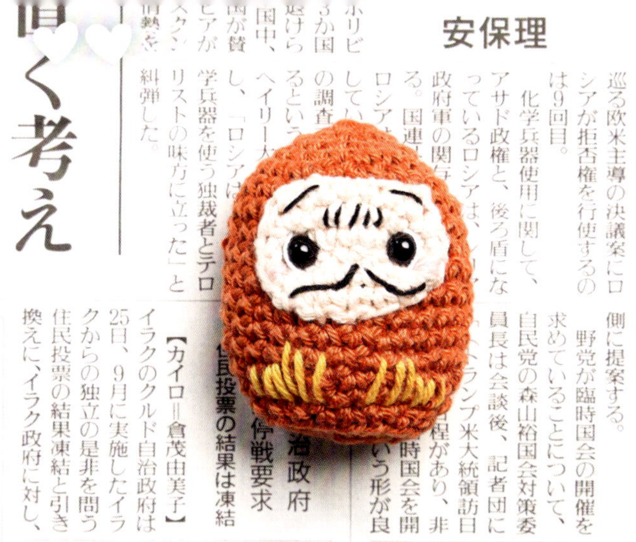

DARUMA

GRÖSSE
6 cm

MATERIAL
Schachenmayr Catania (100 % Baumwolle, LL 125 m/50 g) in
- Terracotta (Fb 388), 5 g
- Gold (Fb 249), ein Rest
- Soft Apricot (Fb 263), ein Rest

GESICHT (IN SOFT APRICOT)

7 Lm anschlagen, in die 2. Lm von der Nd aus einstechen und wie folgt um die Lm-Kette herumhäkeln:
1. Rd: 5 fM, 3 fM in eine M, 4 fM, 1 M zun (= 14 M).
2. Rd: 6 fM, 3 fM in eine M, 5 fM, 1 M zun (= 16 M).
3. Rd: 16 fM häkeln.
Die Augen mit 4 fM Abstand dazwischen feststecken, aber noch nicht verschließen. Abketten und den Faden lang abschneiden.

KÖRPER (IN TERRACOTTA)

Häkle in Rd. Den Körper fortlaufend mit Füllwatte ausstopfen.
1. Rd: 8 fM in einen Fadenring häkeln (= 8 M).
2. Rd: * 1 fM, 1 M zun *, von * bis * noch 3 x wdh (= 12 M).
3. Rd: * 2 fM, 1 M zun *, von * bis * noch 3 x wdh (= 16 M).
4. Rd: * 3 fM, 1 M zun *, von * bis * noch 3 x wdh (= 20 M).
5. Rd: * 4 fM, 1 M zun *, von * bis * noch 3 x wdh (= 24 M).
6.–13. Rd: 24 fM häkeln.
14. Rd: * 4 fM, 1 M abn *, von * bis * noch 3 x wdh (= 20 M).
Die Augen samt Gesicht zwischen Rd 8 und 9 feststecken.
15. Rd: 20 fM häkeln.
16. Rd: * 3 fM, 1 M abn *, von * bis * noch 3 x wdh (= 16 M).
17. Rd: 16 fM ihM häkeln.
18. Rd: 8 x 1 M abn (= 8 M).
Den Faden abschneiden, durch alle vorderen M-Glieder der letzten Rd fädeln, fest zuziehen und vernähen. Das Augenweiß direkt neben den Augen aufsticken. Die Augenbrauen 1 Rd über den Augen über 2 fM Breite und 1 Rd Höhe sticken. Dazwischen 5 x einen Strich mit 1 fM Höhe aufsticken. Die Wangen in Rosa direkt neben den Augen anbringen und den Schnurrbart 1 Rd unter den Augen über 4 fM Länge und 1 Rd Höhe aufsticken. Die Bauch-Dekoration in Gold über je 2 Rd Höhe und 1 Rd Höhe aufsticken.

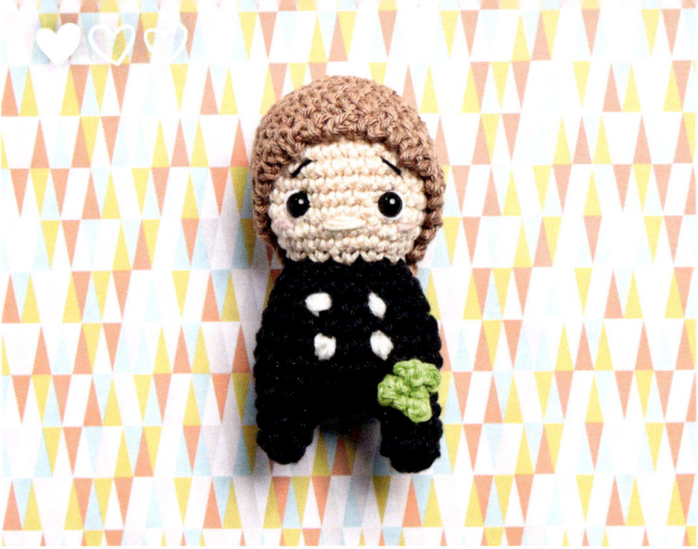

SCHORN-STEINFEGER

GRÖSSE
8 cm

MATERIAL
Schachenmayr Catania (100 % Baumwolle, LL 125 m/50 g) in
- Ivory (Fb 436), 5 g
- Schwarz (Fb 110), 5 g
- Creme (Fb 130), ein Rest
- Deep Amber (FB 438), 5 g
- Greenery (Fb 418), ein Rest

BEINE (2 X IN SCHWARZ)
Folge dazu der Anleitung der Beine für den Löwen auf S. 16.

KÖRPER UND KOPF (IN SCHWARZ UND IVORY)
Beginne in Schwarz. Folge der Anleitung für Körper und Kopf des Löwen auf S. 16. Häkle den Fb-Wechsel zu Ivory nach Rd 9.

GESICHT FERTIGSTELLEN
Folge dazu der Anleitung des Gesichts vom Löwen auf S. 16. Sticke die Nase allerdings in Ivory und bringe die Augenbrauen nur 1 Rd über den Augen an.

HAARKAPPE (IN DEEP AMBER)
Folge dazu Rd 1–10 der Anleitung für die Haarkappe der Jungfrau auf S. 20. Häkle anschließend wie folgt weiter:
11. Rd: * 1 fM, 2 Lm, in die 2. Lm einstechen, 1 Km *, von * bis * noch 27 x wdh (= 28 M). (Lm und Km werden nicht mitgezählt)
Den Faden abschneiden und die Haarkappe festnähen. Die Knöpfe in Creme mithilfe des Knötchenstichs auf dem Körper aufsticken.

KLEEBLATT (IN GREENERY)
Einen Fadenring anschlagen und wie folgt in diesen hineinhäkeln:
1. Rd: * 2 Lm, 1 fM in die 2. Lm, 1 Km *, von * bis * noch 3 x wdh. Den Fadenring zuziehen und den Faden lang abschneiden 1 – 2. Das Kleeblatt seitlich am Körper festnähen.

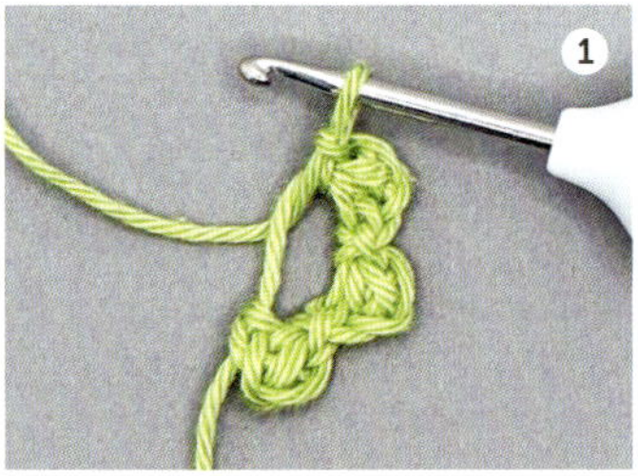
1

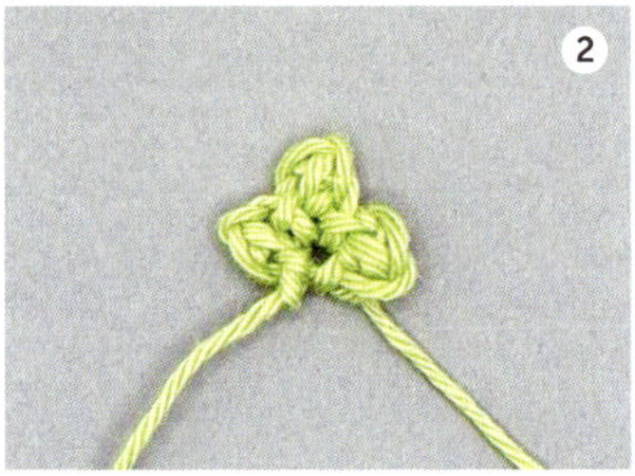
2

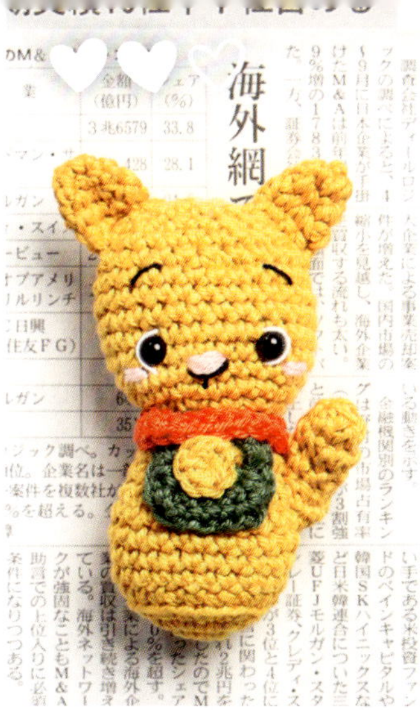

WINKEKATZE

GRÖSSE
9 cm

MATERIAL
Schachenmayr Catania (100 % Baumwolle, LL 125 m/50 g) in
- Gold (Fb 249), 8 g
- Tannenbaum (Fb 419), 3 g
- Signal Rot (Fb 115), ein Rest
- Puder (Fb 14256), ein Rest

KÖRPER UND KOPF (IN GOLD)

Häkle in Rd. Körper und Kopf fortaufend mit Füllwatte ausstopfen.
1. Rd: 6 fM in einen Fadenring häkeln (= 6 M).
2. Rd: 6 x 1 M zun (= 12 M).
3. Rd: * 1 fM, 1 M zun *, von * bis * noch 5 x wdh (= 18 M).
4. Rd: * 2 fM, 1 M zun *, von * bis * noch 5 x wdh (= 24 M).
5.–8. Rd: 24 fM häkeln.
9. Rd: * 2 fM, 1 M abn *, von * bis * noch 5 x wdh (= 18 M).
10.–12. Rd: 18 fM häkeln.
13. Rd: * 1 fM, 1 M abn *, von * bis * noch 5 x wdh (= 12 M).
14. Rd: 12 x 1 M zun (= 24 M).
15. Rd: * 5 fM, 1 M zun *, von * bis * noch 3 x wdh (= 28 M).
16.–21. Rd: 28 fM häkeln.
22. Rd: * 5 fM, 1 M abn *, von * bis * noch 3 x wdh (= 24 M).
Befestige die Augen zwischen Rd 18 und 19 mit 5 sichtbaren fM Abstand.
23. Rd: 24 fM häkeln.
24. Rd: * 2 fM, 1 M abn *, von * bis * noch 5 x wdh (= 18 M).
25. Rd: * 1 fM, 1 M abn *, von * bis * noch 5 x wdh (= 12 M).
26. Rd: 6 x 1 M abn (= 6 M).
Den Faden abschneiden, durch die vorderen M-Glieder der letzten Rd fädeln, fest zuziehen und vernähen.

GESICHT FERTIGSTELLEN

Sticke die Nase in Puder wie bei der Anleitung zum Zwilling auf S. 24. Für die restlichen Details folge der Anleitung des Löwengesichts auf S. 16.

OHREN (2 X IN GOLD)

Häkle in Rd. Die Ohren nicht mit Füllwatte ausstopfen.
1. Rd: 6 fM in einen Fadenring häkeln (= 6 M).
2. Rd: * 2 fM, 1 M zun *, von * bis * noch 1 x wdh (= 8 M).
3.–4. Rd: 8 fM häkeln.
Das Ende falten und mit 4 fM zusammenhäkeln. Den Faden lang abschneiden und die Ohren auf dem Kopf festnähen.

HALSSCHMUCK (IN TANNENBAUM)

7 Lm anschlagen, in die 2. Lm von der Nd aus einstechen und wie folgt in R weiterhäkeln:
1.–2. R: 6 fM, 1 Lm und wenden (= 6 M).
3. R: 1 M abn, 2 fM, 1 M abn, 1 Lm und wenden (= 4 M).
Zum Abschluss 18 fM rund um die R häkeln. Den Faden lang abschneiden und den Halsschmuck auf der Brust festnähen.

HALSBAND (IN SIGNALROT)

25 Lm anschlagen, in die 2. Lm von der Nd aus einstechen und 24 fM entlang der Lm-Kette häkeln. Den Faden lang abschneiden, das Band um den Hals legen und die Enden zusammennähen. Den Faden vernähen.

GLOCKE (IN GOLD)

6 fM in einen Fadenring häkeln, eine Km in die erste fM. Den Faden lang abschneiden und die Glocke unter dem Halsband festnähen.

ARM (IN GOLD)

Häkle in Rd. Den Arm fortlaufend mit Füllwatte ausstopfen.
1. Rd: 6 fM in einen Fadenring häkeln (= 6 M).
2. Rd: * 2 fM, 1 M zun *, von * bis * noch 1 x wdh (= 8 M).
3. Rd: 8 fM häkeln.
4. Rd: * 2 fM, 1 M abn *, von * bis * noch 1 x wdh (= 6 M).
5.–6. Rd: 6 fM häkeln.
Den Faden lang abschneiden, durch die vorderen M-Glieder der letzten Rd fädeln, fest zuziehen und den Arm seitlich am Körper festnähen.

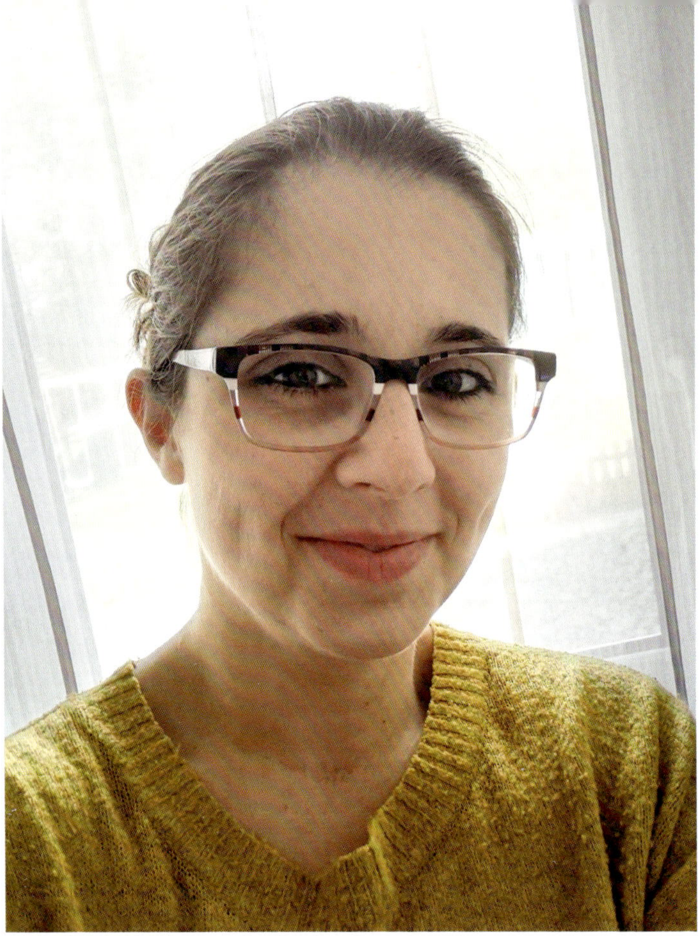

ÜBER DIE AUTORIN

Linda Urbanneck stammt aus einer Familie voller Kreativität, doch die Liebe zur Häkelnadel entwickelte sie erst 2019, als sie zum ersten Mal ein Video zu einer Amigurumi-Figur entdeckte. Nach und nach brachte sie sich das Häkeln selbst bei. Zunächst als Hobby, später sollte sich diese Leidenschaft mehr und mehr in die berufliche Richtung entwickeln. Im Jahr 2020 folgte die erste eigene Anleitung, kurze Zeit später noch einige mehr. Linda gründete in Folge ihr eigenes Label unter dem Namen „Haekellobby".

Das Leben abseits von Wollkorb und Häkelnadel verbringt Linda im süddeutschen Saarland. Hier lebt sie gemeinsam mit ihrem Mann und ihren drei Söhnen. Inspiration findet sie im alltäglichen Leben, ganz nach dem Motto „mit Weitblick zur Kreativität". Weitere Anregungen gibt Linda täglich auf ihrem Instagramprofil „Haekel_lobby", wo sie Einblicke in ihr Leben als Designerin und Autorin gewehrt.

DANKSAGUNG

Einige Bücher später bleibt mir nichts anderes zu sagen als: Danke! Danke an jede*n einzelne*n von euch, die/der mich auf diesem Weg begleitet. Danke für eure Untersützung und jedes liebe Wort, jede Geste, die ich erfahren durfte und jedes einzelne, tolle Werk, dass ich von euch entdecken durfte. Danke, dass es euch gibt. Außerdem möchte ich hier drei Personen ganz besonders erwähnen, die schon seit dem ersten Buch an meiner Seite stehen und ein Tester-Team formen, welches besonders zusammengewachsen ist. Tine, Nele und Alex: Danke für euren unermüdlichen Einsatz und eure Leidenschaft. Ich bin froh, dass unsere Wege sich gekreuzt und gefestigt haben, und ich freue mich auf viele weitere Erlebnisse. Außerdem möchte ich an dieser Stelle auch meiner Schwester Sarah danken, die auch hier als Testerin ihre Kreativität und Häkelnadel mit eingebracht hat. Ein weiterer Dank gilt natürlich meiner gesamten Familie, die mich täglich mit ihrem Zuspruch unterstützt, meinem Mann, der auch in der heißen Buchphase tatkräftig den Haushalt in seine Hände nimmt, um mich zu unterstützen, die Kinder animiert und mir gleichzeitig mit Rat zur Seite steht, wenn ich mir bei einer Figur nicht ganz sicher bin – Danke!

Selbstverständlich sind ebenso, ganz besonders die Sponsoren dieses Buches zu erwähnen. Danke an Schachenmayr und Buttinette für die immer wiederkehrende Unterstützung, ohne die dieses Buch nicht möglich gewesen wäre!

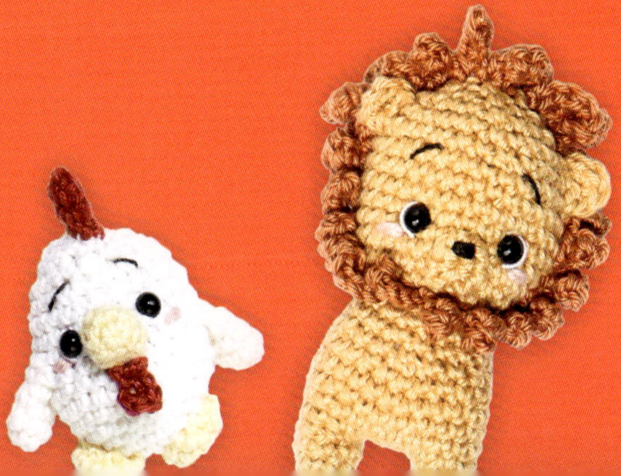

IMPRESSUM

Bibliografische Information der Deutschen Bibliothek.

Die Deutsche Bibliothek verzeichnet diese Publikation in der Deutschen Nationalbibliografie. Detaillierte bibliografische Daten sind im Internet über http://www.dnb.de/abrufbar.

EIN BUCH DER
EDITION MICHAEL FISCHER

2. Auflage 2024

Covergestaltung: Carolin Mayer
Bilder: Holger Albrich, München
Illustrationen: Herzen: @Random Illustrator/Shutterstock; Wollillustrationen: @Nadiinko/Shutterstock
Redaktion und Lektorat: Anja Brinkmann
Layout: Jonas Högerl
Satz: Carolin Mayer

ISBN 978-3-7459-1751-2

Gedruckt bei Polygraf Print, Čapajevova 44,
08001 Prešov, Slowakei

www.emf-verlag.de